Mit Plüschfell und Knopfaugen

Auch wenn sie aussehen wie lebendig gewordene Plüschtiere, die kleinen Zwergkaninchen haben die gleichen Fähigkeiten wie ihre »großen« Verwandten, die Wildkaninchen. Die Zwerge können springen und in der Luft Haken schlagen, Männchen machen, sich wälzen, räkeln, scharren und buddeln. Ihr Geruchssinn ist besonders gut ausgeprägt. Als Heimtier lernt ein Zwergkaninchen zum Beispiel sehr schnell, die Menschen in seiner Umgebung an deren persönlichem »Duft« zu unterscheiden.

So bekommt man einen besseren Überblick.

Ein schwarz-lohfarbenes Zwergkaninchen.

Monika Wegler

Das Zwergkaninchen

Artgerecht halten

Gesund ernähren

Richtig verstehen

Fotos: Monika Wegler
Zeichnungen: Renate Holzner

INHALT

1 Sich vor der Anschaffung informieren

2 Richtig halten und pflegen

3 Verstehen lernen und beschäftigen

A Allgemein Wichtiges

Kinder-Extra

Sich vor der

Sind sie nicht hübsch, die drei Zwerge? Wenn man sich für eines von den drei entscheiden müßte, hätte man die Qual der Wahl.

Anschaffung informieren

Junge Zwergkaninchen sind einfach entzückend. Schon mancher Tierfreund hat sich zu einem Spontankauf hinreißen lassen. Doch obwohl sie so klein sind, haben auch die Zwerge ihre Ansprüche und Bedürfnisse.

Die Geschichte des Kaninchens

Früher diente das Kaninchen dem Menschen vor allem als Fell- und Fleischlieferant. Heute dagegen gehört es mit zu den beliebtesten Heimtieren. Inzwischen sind unter dem Einfluß des Menschen weit über hundert verschiedene Kaninchenrassen mit verschiedenen Fellfarben und -zeichnungen entstanden. Zu den wohl niedlichsten Rassen gehören die Zwergkaninchen.

Das Kaninchen ist kein Nager

Beobachtet man ein Kaninchen, wie es mit größtem Eifer alles benagt, was ihm in die Quere kommt, ist man versucht zu glauben, Kaninchen seien Nager. Doch sowohl der Hase (*Lepus*) als auch das Kaninchen (*Oryctolagus*) werden von den Zoologen in die Familie der Hasenartigen eingeordnet.
Die echten Nager bewegen den Unterkiefer vor- und rückwärts, ohne ihn seitlich zu verschieben. Die Hasenartigen dagegen zermahlen ihr Futter durch kreisende Gebiß-

Das Chinchilla-Kaninchen knabbert sichtbar genüßlich an einem trockenen Blatt.

Ein ausgehöhlter Baumstamm ist zum beliebten Unterschlupf im Freigehege geworden.

bewegungen. Nager können im Gegensatz zu den Hasenartigen ihr Futter mit den Vorderfüßen halten. Dafür sind die Hasenartigen in der Lage, sich wie Katzen zu strecken und dabei zu gähnen.
Nach heutigem Wissen scheinen Kaninchen und Hase eher mit den Huf- als mit den Nagetieren verwandt zu sein.

Vom Wildkaninchen zum zahmen Heimtier

Alle Hauskaninchen sind Nachkommen des europäischen Wildkaninchens (*Oryctolagus cuniculus*). Der Prozeß des Zahmwerdens (Domestikation) begann bei den Wildkaninchen jedoch erst recht spät, obwohl phönizische Seefahrer in Spanien die dort heimischen Wildkaninchen schon vor etwa 3000 Jahren »entdeckten«.
Die »alten« Römer hielten später halbwilde Kaninchen in ummauerten Gärten, den sogenannten Leporarien.
Im Mittelalter zogen vor allem Klostermönche Kaninchen groß, und dies aus besonderem Grund: Um ihren Speiseplan in der Fastenzeit zu bereichern, erklärten sie kurzerhand das Kaninchen zur »fleischlosen Kost«.
Auch an den Fürstenhöfen kamen Kaninchen mehr und mehr »in Mode«.
Richtig zahm und zutraulich wurden Kaninchen allerdings erst, als der Mensch begann, sie in Ställen zu halten.
Dies brachte aber auch Veränderungen der Kaninchen mit sich. Sie wurden beispielsweise wesentlich größer und schwerer als ihre wilden Verwandten, die Wildkaninchen, und die schützende Wildfarbe des Fells verschwand mit der Zeit fast gänzlich.
Nach und nach entstanden so schließlich die Zuchttiere für die Rassen der Zukunft.

Feldhase und Wildkaninchen im Vergleich

Häufig werden Kaninchen und Hase verwechselt. Selbst Zwergkaninchen findet man immer wieder als »Zwerghäschen« im Handel angeboten. Das ist natürlich falsch. Wie sehr sich die beiden Tiere aus der Familie der Hasenartigen unterscheiden, sehen Sie in der Tabelle auf Seite 11. Aufgrund ihrer unterschiedlichen Chromosomenzahl können Hase und Kaninchen auch keinen Nachwuchs zusammen zeugen.

Hase und Kaninchen in der Kultur

In vielen alten Kulturen wurden Hase und Kaninchen als Symbol für die Fruchtbarkeit verehrt. Mexikanische Bilderhandschriften beispielsweise berichten, daß die Götter im Jahre ce tochtli, das heißt »Eins Kaninchen«, Himmel und Erde geschaffen haben. Noch heute werden Hase und Kaninchen in der mexikanischen Volkskunst auf vielen Gegenständen meist sehr farbenfroh abgebildet und sind im Volksbewußtsein fest verankert. Bei uns schenkt man Kindern noch immer Schokoladenhäschen zum Osterfest.

Ein prächtiger Hase. Kaninchen und Hase sind nicht miteinander verwandt.

Und wer hat als Kind nicht »Häschen in der Grube« gespielt oder die Geschichte von »Hase und Igel« gelesen? Mundartlich begleiten sie uns durch die Sprache als: Karnickel, Künigl, Mümmelmann und Meister Lampe. Weniger liebevoll reden wir von »Sei kein Hasenfuß«, »Angsthase« und »da liegt der Hase im Pfeffer«. Weltweit dichtet der Mensch Kaninchen und Hasen wundersame Eigenschaften an. In Afrika z. B. wird ein Kaninchenfell als

Ein Pappkarton wird zur »Spielwiese« für die Zwerge.

Der Unterschied zwischen Wildkaninchen und Feldhase

Wildkaninchen		**Mitteleuropäischer Feldhase**
Klein, eher gedrungen.	**Körperbau**	Groß, schlank mit langen Beinen, Ohren viel länger als der Kopf.
1 bis 2 kg.	**Gewicht**	2,5 bis 6 kg.
Graubraun, Unterseite grau-weiß.	**Fellfarbe**	Rötlichbraun, Bauch reinweiß, Ohren mit dunklen Spitzen.
44.	**Chromosomenzahl**	46.
Bevorzugt deckungsreiches Gelände, Waldränder, Hügel mit sandigem Boden, wo es Höhlenbauten gräbt; auch Parkanlagen (Kulturfolger).	**Lebensraum**	Steppen und offene Weideflächen.
Lebt gemeinschaftlich in Kolonien.	**Sozialverhalten**	Eher Einzelgänger, außer zur Paarungszeit.
Wendiger Kurzsprinter, der schnellstmöglich Deckung in seinen Bauten sucht.	**Fluchtverhalten**	Ausdauernder Langstreckenläufer, der in die Weite flieht.
28 bis 31 Tage.	**Tragzeit**	Durchschnittlich 42 Tage.
4 bis 6 mal im Jahr.	**Wurfanzahl**	3 bis 4 mal im Jahr.
3 bis 4 Junge (selten 6).	**Wurfstärke**	1 bis 4 Junge.
Selbstgegrabene Höhlen mit Nestkammern.	**Geburtsstätte**	Offene Bodenmulde, sogenannte Sasse.
Nackt, blind, taub, sehr hilflos (Nesthocker).	**Jungtiere bei der Geburt**	Behaart, sehend, hörend, früh selbständig, (Nestflüchter).

Regenzauber benutzt. In Lateinamerika bewahrt ein Kaninchenherz vor Behexung. Bei uns begegnet man auch in der heutigen aufgeklärten Zeit immer immer wieder Menschen, die eine Hasenpfote als Talisman bei sich tragen.

Das Hermelinkaninchen

Seinen Namen erhielt dieses Kaninchen nach dem gleichnamigen Wiesel, auch Hermelin genannt. Das Hermelin wechselt im Winter sein Fell zur besseren Tarnung von Graubraun in ein wunderschönes Schneeweiß. Leider so schön, daß sein Fell seit altersher zur Zierde königlicher Prunkmäntel verwendet wurde.

Als Anfang des 19. Jahrhunderts die Verarbeitung von Hermelinfellen verboten wurde, suchte man nach einem Ersatz und fand ihn im »Polnischen Kaninchen«, einem wildkaninchengroßen Tier mit weißem Fell und roten Augen (Albino).

Die Engländer begannen schließlich, mit diesen Tieren die ersten Zwerge herauszuzüchten.

Wildkaninchen am Bau. Während die beiden Jungen sich putzen, bleibt die Mutterhäsin wachsam.

TIP

Nach meiner Erfahrung sehen Zwergwidder-Kaninchen mit ihren Hängeöhrchen nicht nur allerliebst aus, sondern sind auch vom Wesen her äußerst robust. Während mir bei den Hermelinkaninchen schon häufig übernervöse Tiere aufgefallen sind, scheinen die Zwergwidder-Kaninchen alles wesentlich gelassener zu sehen.

Sie wurden 1884 in Hull auf einer Ausstellung gezeigt.
Anfang des 20. Jahrhunderts entdeckte man jedoch in Amerika erst den erblich verankerten Zwergfaktor (englisch dwarf=Zwerg; Symbol dw). Dieser Faktor ist dafür verantwortlich, daß die kleinen Kaninchen mit dem runden »Bollenkopf«, großen hervorstehenden Augen, sehr kurzen Ohren und dem gedrungenen walzenförmigen Körper entstanden sind.

Die Farbenzwerge

Farbenzwerge nennt man alle farbigen Zwergkaninchen, im Unterschied zu dem reinweißen Hermelin mit roten oder blauen Augen. Die Fellfarben dieser Tiere entsprechen genau jenen der farbgleichen größeren Rassen.
Etwa in den dreißiger Jahren begann der Schmied Hoefmann aus Brielle in Südholland mit der Verpaarung von Rotaugenhermelin mit Wildkaninchen. Schon 1940 wurde die Rasse als »Kleurdzwerge« in den holländischen Standard aufgenommen. Das Höchstgewicht betrug damals noch 2 kg.
In Deutschland begann der Siegeszug des farbigen Zwergkaninchens erst nach dem 2. Weltkrieg. Wiederum bildeten die Hermelinkaninchen den Grundstock für die Zucht.

Der Zwergwidder

Diese jüngste Zwergrasse ist strenggenommen kein richtiges Zwergkaninchen, da diese Tiere nicht mit dem Zwergfaktor (dw) ausgestattet sind.
Zwergwidder sind hängeohrige Kaninchen, die schwerer sind als ihre übrigen Mitzwerge, aber leichter als die sogenannten Kleinwidder. Auch hier gilt Holland wieder als Ursprungsland.
1952 züchtete Adrian de Cock aus Tilburg die ersten typischen Widder mit etwa 3 Pfund heraus. Heute gibt es diese Hängeohrzwerge in der gleichen Farbvielfalt wie bei den übrigen Zwergkaninchen (→ Rassezwerge im Porträt ab Seite 26).

Alle Viere von sich gestreckt. So läßt's sich gemütlich ruhen. Dieser rotfarbene Zwerg fühlt sich rundum wohl.

Überlegungen vor der Anschaffung

Zwergkaninchen werden gerne als »pflegeleichte« Streicheltiere für Kinder angeschafft. Doch auch die Zwerge haben ihre Eigenarten und Bedürfnisse. Daran sollten Sie denken, bevor Sie sich ein Kaninchen ins Haus holen und vielleicht später so enttäuscht sind, daß Sie es lieber ins Tierheim bringen.

Wichtige Entscheidungshilfen

1 Ist das Zwergkaninchen ein Kinderwunsch, sollten Sie sich stets mitverantwortlich für das Wohlergehen des Tieres fühlen. Verliert das Kind das Interesse, müssen Sie das Tier versorgen.

2 Ein Kaninchen wird nicht immer stubenrein. Läßt sich dies mit Ihrem Ordnungssinn vereinbaren?

3 Haben Sie schon Tiere, die sich womöglich nicht mit Ihrem Kaninchen vertragen (→ Seite 16)?

4 Damit sich das Zwergkaninchen wohlfühlt, benötigt es einen geräumigen Zimmerkäfig mit entsprechender Ausstattung (→ Seite 36). Diese Anschaffung ist nicht billig und liegt beträchtlich über dem Anschaffungspreis des Tieres.

5 Kaninchen können 8 Jahre oder älter werden. So lange müssen Sie das Tier versorgen.

6 Klären Sie vor der Anschaffung, ob Sie oder ein Familienmitglied allergisch auf Tierhaare reagieren → Seite 127).

Zwerge und Kinder

Zwergkaninchen sind einfach entzückend und erobern nicht nur jedes Kinderherz im Sturm. Die possierlichen Tiere lassen sich gerne streicheln, was Kindern sehr gefällt. Allerdings kann man mit einem Kaninchen nur bedingt spielen, anders als zum Beispiel mit Hund oder Katze. Widerstehen Sie deshalb dem flehentlichen »Ach bitte Mama« erst einmal, bis Sie folgendes bedacht haben:

Ihr Kind sollte mindestens Schulreife haben, bevor Sie ihm ein Kaninchen schenken. Erst jetzt kann es das nötige Verständnis für dieses Tier aufbringen. Stellen Sie sich als Eltern darauf ein, daß Sie Ihr Kind für den richtigen Umgang mit dem Tier und dessen Pflege sorgsam anleiten müssen. Nur so kann das Kind lernen, verantwortlich mit einem Lebewesen umzugehen.

Ein Hund kann so erzogen werden, daß er das Kaninchen als Rudelmitglied akzeptiert.

Zusammenleben mit anderen Heimtieren

Kaninchen und andere Heimtiere aneinander zu gewöhnen, kann gelingen. Ein Erfolgsrezept dafür gibt es aber nicht. Wenn sich die Tiere nicht verstehen, muß der Käfig mit dem Kaninchen in einem separaten Raum untergebracht werden.

Meerschweinchen: Meist vertragen sich Meerschweinchen und Zwergkaninchen sogar zusammen in einem geräumigen Zimmerkäfig gut miteinander. Kommt es jedoch zu einer Auseinandersetzung zwischen beiden, kann das wehrhaftere Kaninchen seinen Mitbewohner durch Bisse arg verletzen. Setzten Sie keinen unkastrierten Kaninchenbock zu einem Meerschweinchen. Er würde es zu sehr bedrängen (→ Seite 116).

Vögel: Wenn sie laut kreischen und pfeifen, sollte der Kaninchenkäfig nicht im selben Zimmer stehen, denn Kaninchen haben ein sehr feines Gehör.

Hund: Er kann dahin erzogen werden, daß er das Kaninchen als Rudelmitglied toleriert. Vor allem Hütehundrassen und die freundlichen Golden- und Labrador Retriever besitzen hierfür gute rassespezifische Wesensvorraussetzungen. Älteren Hunden, die bisher als Einzeltiere im Mittelpunkt der familiären Zuwendung standen, dürfen Sie durch den Neuankömmling keinen Grund zur Eifersucht geben. Sehr lebhafte temperamentvolle Hunde und vor allem Welpen gilt es, in ihrem unbändigen Spieltrieb zu

Erst wenn das Kind im Schulalter ist, kann es verantwortungsbewußt mit einem Kaninchen umgehen.

Sind Kaninchen Schmusetiere?

Das kuschelige Fell des Kaninchens verführt dazu, es häufig auf den Arm zu nehmen, zu streicheln und zu knuddeln. Das mag der Zwerg gern, doch übertreiben darfst du es nicht. Denke daran, daß Kaninchen Lebewesen sind, die auch Ruhe haben müssen. Viel Zeit braucht ein Zwergkaninchen für die Fellpflege oder zum Ausruhen nach dem Fressen. Wenn du deinem Kaninchen beweisen möchtest, wie lieb du es hast, kannst du folgendes für es tun: Sorge dafür, daß es gesundes Futter erhält. Reinige den Käfig regelmäßig, denn in einem schmutzigen Käfig wird das Tier krank. Biete dem Zwerg viel Abwechslung vom langweiligen Leben im Käfig, zum Beispiel indem er häufig frei im Zimmer laufen darf und immer einen Zweig zum Knabbern hat.

Solch einen drei Wochen alten Winzling darf man nicht kaufen. Er braucht noch seine Mutter.

bremsen, damit das Kaninchen nicht nachhaltig erschreckt oder verletzt wird (→ Seite 105).

Katzen: Eigenwillig wie sie nun mal sind, können sie nur bis zu einem gewissen Maß »erzogen« werden. Verhindern Sie jedes Tatzeln in den Zimmerkäfig, auch wilde Verfolgungsjagden durch die Wohnung, vor allem Balkon und Freigehege müssen so gesichert sein, daß keine Katzen von außen eindringen können. Trotzdem können auch Katze und Kaninchen friedliche Hausgemeinschaften bilden (→ Seite 105).

Glücklich in Gesellschaft oder allein ?

Kaninchen sind gesellige Tiere, die in der Natur stets in Kolonien zusammenleben. Sie kuscheln sich gerne zusammen, putzen sich gegenseitig das Fell und hoppeln munter umeinander. Alle Kaninchen haben aber auch ein sehr ausgeprägtes Revierbewußtsein. Das Leben in der Kolonie wird durch eine Rangordnung geregelt. Was bedeutet all dies nun für den Kaninchen-Halter?

Mehrere Kaninchen halten: In Gesellschaft von Artgenossen fühlt sich Ihr Kaninchen am wohlsten. Am besten entscheiden Sie sich für zwei oder mehr Häsinnen, die Sie als Jungkaninchen problemlos aneinander gewöhnen können. Ausgewachsene Häsinnen, die sich fremd sind, führen dagegen heftige Revier- und Rangordnungskämpfe. Solche Tiere müssen notfalls in getrennten Zimmerkäfigen leben.

Zwei Rammler (männliche Kaninchen) leben nur bis zur Geschlechtsreife friedlich zusammen, danach wird ebenfalls um Rang und Revier gekämpft. Die Kastration schafft jedoch Abhilfe.

Ein Pärchen bekommt ständig Nachwuchs (→ Seite 76), außerdem wird die Häsin häufig viel zu früh vom Rammler gedeckt.

Ein kastrierter Kaninchenmann allerdings lebt friedlich mit ein oder mehr Häsinnen zusammen, und Sie sind vor unerwünschten Kaninchenbabies sicher.

Einzelhaltung: Alleine ist Ihr Kaninchen nur glücklich, wenn Sie ihm besonders viel Abwechslung und Anregung bieten (→ Seite 106). Allerdings kann man dem Tier als Mensch nie das Zusammensein mit Artgenossen ersetzen.

Im hohen Gras macht das Kaninchen Männchen, um einen besseren Überblick zu haben.

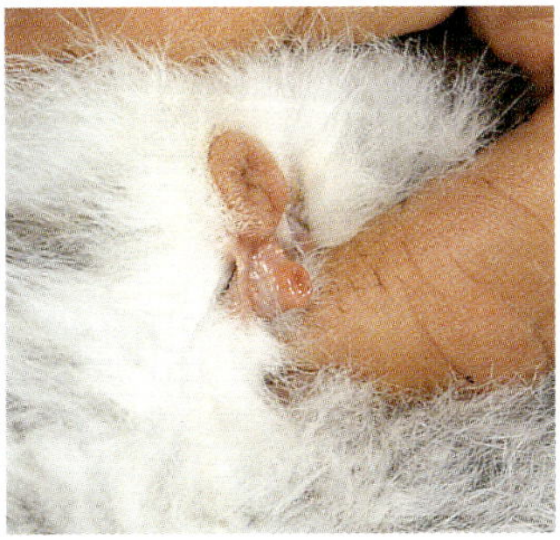

Beim Männchen ist die Geschlechtsöffnung punktförmig.

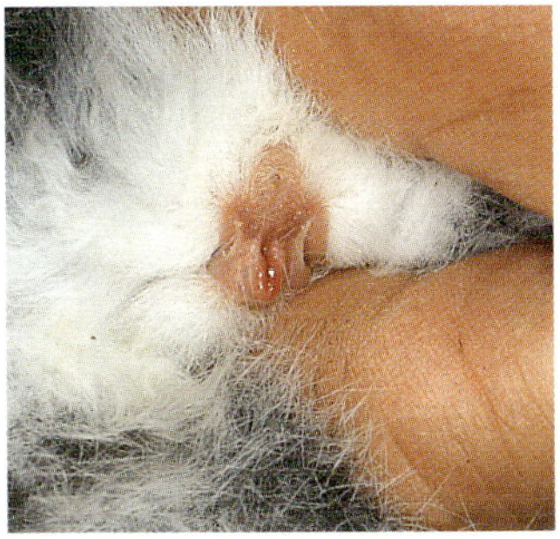

Beim Weibchen erkennt man eine schlitzförmige Öffnung.

TIP

Wer direkt beim Züchter einen Zwerg erwerben möchte, hat hier mehr Chancen, wenn er sich für ein Männchen entscheidet. Der Grund: Der Züchter behält für die Nachzucht stets mehr Häsinnen als Rammler.

Männchen oder Weibchen?

Für die Einzelhaltung eignen sich beide Geschlechter gleichermaßen. Den Rammler sollten Sie jedoch mit 4 bis 6 Monaten kastrieren lassen. Wird er nämlich nicht zur Zucht eingesetzt, führt sein aufgestauter Sexualtrieb unweigerlich zu Haltungsproblemen (→ Seite 116).

Auch das Verspritzen von Harn, mit dem der Rammler sein Revier markiert, ist in der Wohnung äußerst unangenehm. Nach der Kastration legt sich dies jedoch, und die kleinen Kerle werden besonders anhänglich und zahm.

Die Geschlechtsbestimmung

Die Geschlechtsbestimmung bei jungen Kaninchen erfordert ein wenig Übung (→ Fotos, links).

So wird's gemacht: Das Kaninchen auf den Schoß nehmen und mit der einen Hand das lose Rückenfell des Tieres fassen. Das Tier so drehen, daß die Bauchseite nach oben zeigt. Mit Daumen und Zeigefinger der anderen Hand den Anal-/Genitalbereich sanft auseinanderziehen. Richtung Schwanzwurzel befindet sich bei beiden die punktförmige Analöffnung. Davor liegt zum Bauch hin die Geschlechtsöffnung.

Beim Männchen ist diese ebenfalls punktförmig, beim weiblichen Kaninchen verläuft sie länglich wie ein Schlitz zum After hin.

Ab dem 4. Lebensmonat ist das Geschlecht leichter zu bestimmen. Beim Rammler haben sich inzwischen zwei unbehaarte Hoden neben der Geschlechtsöffnung ausgebildet.

Kaninchen im Urlaub

Für das standortgebundene Kaninchen bedeutet jede längere Autofahrt, jeder Orts- und Klimawechsel Streß.

Kümmern Sie sich rechtzeitig um einen »Kaninchen-Sitter« aus dem Familien- oder Freundeskreis oder der Nachbarschaft. Eine schriftliche Pflegeanweisung und die Adresse des Tierarztes sollten Sie nicht vergessen.

Müssen Sie das Kaninchen außer Haus unterbringen, prüfen Sie den Pflegeplatz vorher gut, gleich, ob es sich um eine Tierpension, ein Zoofachgeschäft oder einen Privathaushalt handelt (→ Foto Transportkiste, Seite 38).

Rechtsfragen zur Tierhaltung

Im Zusammenhang mit der Haltung von Zwergkaninchen gibt es gesetzliche Regelungen, die der Halter kennen sollte. Die wichtigsten sind im folgenden Text zusammengefaßt.

Mietrecht

Sind im Mietvertrag keine Bestimmungen über die Tierhaltung enthalten, so ist grundsätzlich davon auszugehen, daß die üblichen Heimtiere in der Mietwohnung gehalten werden dürfen.
Die Heimtierhaltung gehört heute zu der allgemeinen Lebensführung und zum vertragsgemäßen Gebrauch der Mietwohnung, solange durch die Tierhaltung keine Belästigungen eintreten (AG Offenbach, Az.: 34 C 705/85; AG Schöneberg, Az.: 8 C 11/91; AG Friedberg, Az.: C 66/93; AG Heidelberg, Az.: 20 C 72/92). Dies gilt grundsätzlich und erst recht auch für die Haltung von Kleinnagern wie Zwergkaninchen (AG Hannover, Az.: 11 C 393/79; AG Aachen, Az.: 6 C 500/88; AG Köln, Az.: 205 C 130/83). Denn diese Tiere sind ihrer Art und Natur nach nicht geeignet, eine Störung des Hausfriedens hervorzurufen (BGH, Az.: VIII ZR 10/92). Weder geht von ihnen eine Geruchsbelästigung aus, noch geben sie Geräusche von sich, die zu einer Lärmbelästigung anderer Mitmieter führen könnte. Ferner sind diese Tiere nicht imstande, größere Beschädigungen an der Wohnung zu verursachen. Der Mieter braucht daher zur Haltung eines Zwergkaninchens keine ausdrückliche Genehmigung.
Problematisch wird es erst dann, wenn aus ein oder zwei Zwergkaninchen eine ganze Zuchtgruppe wird. Hier wird man im Einzelfall prüfen müssen, inwieweit der Hausfrieden gestört sein könnte oder nicht. Gestört ist nach der Rechtsprechung der Hausfrieden bereits dann, wenn übermäßig viele Heimtiere gehalten werden (OLG München, Az.: 5 U 7178/89), oder wenn Einstreumaterial mit der Folge einer Rohrverstopfung in die Toilette eingeleitet wird (LG Berlin, Az.: 64 S 17/93). Soweit denkbar ist, daß gebrauchtes Käfigstreu riecht, ist dieses ordnungsgemäß zu entsorgen, so daß hierdurch keine Hausmitbewohner belästigt werden. So stellt es nach der Rechtsprechung (AG Hamburg, Az.: 44 C 3/81) aber keine Belästigung der anderen Mitbewohner dar, wenn die riechende Käfigstreu in einer Plastiktüte verpackt im Mülleimer entsorgt wird.

Kaufvertragsrecht

Jeder, der ein Zwergkaninchen käuflich erwirbt, schließt mit dem Verkäufer immer einen Kaufvertrag ab. Dieser Vertrag muß nicht schriftlich abgefaßt werden, denn auch ein mündlicher Kaufvertrag ist rechtsgültig. Stellt sich nach Übergabe des Zwergkaninchens an den Käufer heraus, daß das Tier mit einem Fehler (also einer Krankheit) behaftet war, kann der Käufer seine gesetzlichen Gewährleistungsrechte geltend machen und beispielsweise vom Kaufvertrag zurücktreten oder aber den Kaufpreis mindern. Voraus-

setzung hierfür ist aber immer, daß das Tier bereits bei Übergabe (und nur dann) krank war. Gerade bei Infektionskrankheiten läßt sich der Krankheitsbeginn nur schwer feststellen, so daß meistens nur sachverständige Tierärzte diese Frage klären können. Macht der Käufer mit Recht solche Gewährleistungsrechte geltend, so muß er dies innerhalb von sechs Monaten von der Übergabe an gerechnet tun, da sie sonst verjähren.

Kinder und Jugendliche (bis zum vollendeten 16. Lebensjahr) sollten sich den Kauf eines Zwergkaninchens besonders gut überlegen. Denn ohne Einwilligung ihrer Erziehungsberechtigten dürfen Kinder noch kein Zwergkaninchen kaufen. Genehmigen die Eltern den Kauf nicht, muß der Verkäufer das Tier wieder zurücknehmen und den Kaufpreis zurückerstatten.

Tierseuchen

Nicht selten werden Zwergkaninchen von der Krankheit Myxomatose befallen. Für den Menschen stellt diese Krankheit keine Gefahr dar. Für das Tier allerdings endet die Krankheit meistens tödlich. Schutzimpfungen sind daher empfehlenswert, insbesondere dann, wenn die Zwergkaninchen auch im Freiland gehalten werden sollen. Die Myxomatose ist zwar für das Tier eine sehr gefährliche Krankheit, sie fällt aber nicht unter die anzeigenpflichtigen Tierseuchen.

Freilandhaltung

Sollen Kaninchen im Freien im Stall gehalten werden, so sind die landesrechtlichen Bauvorschriften für Tierställe zu beachten. Da jedes Bundesland seine eigene und auch unterschiedliche Bauordnung hat, lassen sich einheitliche Aussagen zur Zulässigkeit von Kaninchenställen nicht treffen. Um Schwierigkeiten zu vermeiden, sollte man sich mit der zuständigen Baubehörde vor Errichtung des Kleintierstalles in Verbindung setzen.

Tierkörperbeseitigung

Das Zwergkaninchen fällt unter das Tierkörperbeseitigungsgesetz, so daß ein verendetes Tier in den sogenannten Tierkörperbeseitigungsanstalten abzugeben ist. Allerdings darf man auch sein Kaninchen gefahrlos im eigenen Garten begraben, wenn der tote Tierkörper von einer mindestens 50 cm starken Erdschicht bedeckt ist.

Kaninchen dürfen ohne Einwilligung des Vermieters gehalten werden.

Die richtige Kaufentscheidung

Möchten Sie ein Zwergkanichen, das auch ein Zwerg bleibt? Wünschen Sie sich ein gesundes Tier mit zutraulichem Wesen? Dann sollten Sie beim Erwerb nichts dem Zufall überlassen.

Rassezwerg oder Mischling?

Alle jungen Kaninchen schauen anfangs klein und niedlich aus. Doch nur der reinrassige Zwerg bleibt auch klein, wenn er ausgewachsen ist (→ Tabelle, Seite 24). Gewähr für die Reinrassigkeit des Zwergkaninchens bietet der Zuchtverband des jeweiligen Landes (→ Adressen, Seite 124).
Doch auch wenn sich nach einiger Zeit herausstellt, daß Ihr Kaninchen kein „echter" Zwerg ist, bleibt es doch ein liebenswertes Wesen, das auf Ihre Fürsorge und Zuwendung angewiesen ist.

Wo kaufen?

Wer auf Nummer sicher gehen will, erkundigt sich am besten beim örtlichen Kaninchen-

So hält das Kind sein Kaninchen sicher auf dem Schoß. Gerne läßt sich das Jamora-Kaninchen streicheln.

Zu zweit oder in der Gruppe können sich Zwergkaninchen richtig entfalten und ihr gesamtes Verhaltensrepertoire zeigen.

zuchtverein, besucht eine Kaninchenausstellung oder besorgt sich Züchteradressen über Fachzeitschriften (→ Adressen, Seite 124). Auch Ihr Zoofachhändler kann Ihnen vielleicht ein reinrassiges Zwergkaninchen besorgen.

Alter beim Kauf

Mit etwa 7 bis 8 Wochen ist ein Kaninchen soweit entwickelt, daß es abgegeben werden kann. Leider werden im Handel immer wieder drei Wochen alte Winzlinge angeboten. Für diese Tierquälerei ist auch der Kunde mitverantwortlich, denn je jünger die Kleinen sind, desto putziger schauen sie aus und werden gekauft. Dazu kommt, daß der Unterschied zwischen einem echten Zwergkaninchen und einem kleinwüchsigen Stallkaninchen in den ersten Wochen am wenigsten auffällt. Mit 3 bis 4 Wochen wird das Kaninchen jedoch noch von der Häsin gesäugt und ist weder körperlich noch seelisch ausgereift.

Kaufen Sie keinesfalls solche Kaninchenbabies, zum einen aus Tierschutzgründen, zum anderen, weil bei solchen Winzlingen das Krankheitsrisiko enorm erhöht ist.

So erkennt man ein reinrassiges Zwergkaninchen

Rassezwerg		Mischling, andere Kaninchen
Gedrungen, walzenförmig, Rücken und Beine kurz.	**Körper**	Langgestreckt, hochbeinig.
Groß im Verhältnis zum Körper, breite Stirn, ausgeprägte Backen »Bollerkopf«.	**Kopf**	Kleiner, schmal und länglich.
Groß und hervortretend, markante Jochbögen.	**Augen**	Kleiner, nicht so hervortretend, keine ausgeprägten Jochbögen.
Kurz, Ideallänge beim erwachsenen Tier: 4,5 bis 5,5 cm.	**Ohren**	Deutlich länger, 7 bis 10cm und mehr.
Kaum erkennbar, Kopf sitzt dicht am Körper.	**Hals**	Halseinschnitt gut sichtbar.
Erwachsener Zwerg: 0,7 bis 1,5 kg.	**Gewicht**	Ausgewachsen: 2,5 bis 5 kg.
Nur Standardfarben und - zeichnungen.	**Fellfarbe**	Alle Kaninchenfarben und Zeichnungen möglich.

Gesundheitskontrolle
Lassen Sie sich für den Kaninchenkauf Zeit. Nehmen Sie Ihr Wunschtier in die Hand und checken Sie es durch. Ein gesundes Kaninchen erkennen Sie folgendermaßen:
Allgemeineindruck: Munter, reagiert auf Umgebung und Ansprache, harmonisch in den Bewegungen, keineswegs teilnahmslos und apathisch.

Zweige sind gesunde Knabberkost und verhindern, daß die Nagezähne zu lang werden.

Foto links:
Rechts ein Mischling, links ein typvoller Rassezwerg.

Fell: Glatt und glänzend, ohne Kahlstellen, parasitenfrei.
Augen: Klar, leuchtend, nicht trüb oder starr, ohne Ausfluß und Entzündung.
Nase: Trocken, keinerlei Ausfluß oder Niesen.
Ohren: Sauber, ohne Belag und Verkrustung.
Gebiß: Korrekte Zahnstellung (→ Seiten 63, 71).
Analregion: Sauber, nicht naß oder kotverschmiert.
Hinweis: Ist ein Kaninchen in der Gruppe krank (z. B. Durchfall oder Schnupfen), sollten Sie kein Tier aus der Gruppe erwerben, denn viele Krankheiten sind ansteckend.

Einen guten Züchter oder Zoofachhändler erkennen

- Stallanlage, Käfig oder Auslaufbox sind sauber und gepflegt. Die Einstreu ist trocken und stinkt nicht. Die Kaninchen haben genügend Bewegungsfreiheit, Licht und gute Luft.
- Die Tiere sind ausreichend mit frischen Wasser und Futter versorgt, im Käfig liegt kein verfautes Grünzeug herum.
- Der Züchter oder Händler geht liebevoll mit seinen Tieren um. Er spricht und beschäftigt sich mit ihnen. Die Kaninchen springen nicht vor seiner Hand davon, beißen oder kratzen.
- Der Züchter oder Händler erkundigt sich bei Ihnen, ob sein Kaninchen auch einen guten Platz bekommt und drückt Ihnen das Tier nicht kommentarlos in die Hand. Man nimmt sich Zeit für eine fachlich gute Beratung.

Der Züchter gibt Ihnen vielleicht noch einige gute Haltungstips mit auf den Weg.
Hier sind Sie in besten Händen und können Vertrauen haben.

Zwergkaninchen im Porträt

Auf den folgenden Seiten finden Sie die Porträts der wichtigsten und beliebtesten Zwergkaninchen-Rassen mit Angabe des Rassestandards. Für die Fotos Modell gestanden haben mir ausschließlich Rassezwergkaninchen von Züchtern.

Was ist ein Standard ?

Der Rassestandard wird für Kaninchen vom Europäischen Verband für Geflügel-, Tauben- und Kaninchenzucht festgelegt.
In ihm sind die Richtlinien bestimmt, nachdem ein Rassetier gezüchtet und auf der Ausstellung von Richtern bewertet wird.
Der Standard beschreibt stets das »Idealtier«. Entspricht beispielsweise ein Hermelin-Zwergkaninchen seinem Standard am meisten, dann erhält es auch die höchste Punktzahl und damit beste Bewertung.
Zwergkaninchen werden nach sieben verschiedenen Kriterien bewertet und erhalten dafür jeweils eine bestimmte Punktzahl. Nachfolgend habe ich Ihnen die einzelnen Kriterien mit den jeweils höchst möglichen Punktzahlen, die ein Rassekaninchen erreichen kann, aufgelistet.

1. Typ und Körperform = 20 Punkte
2. Gewicht = 10 Punkte
3. Fell = 20 Punkte
4. Kopfbildung = 15 Punkte
5. Ohren = 15 Punkte
6. Farbe und Zeichnung = 15 Punkte
7. Pflegezustand = 5 Punkte

Die erfolgreichsten Kaninchen erhalten eine zusätzliche Auszeichnung:
v= vorzüglich; **sg** = sehr gut oder **Ks**= Klassesieger.

Ohrtätowierung

Rassekaninchen werden in beiden Ohren tätowiert, damit man weiß, woher sie kommen. Die Tätowierung nimmt der Tätowiermeister eines Vereins bei Jungtieren bis spätestens zum 3. Lebensmonat vor.
Ins rechte Ohr wird der Buchstabe für den Landesverband, die Vereinsnummer und bei Jugendzüchtern ein J. eintätowiert.

TIP

Auch wenn Sie nicht mit Ihren Kaninchen züchten möchten, sollten Sie darüber informiert sein, welche Rassen es gibt. Gefällt Ihnen eine Rasse besonders gut, können Sie gezielt auf die Suche nach Ihrem Wunschkaninchen gehen und selbst beurteilen, ob das Tier dem Standard entspricht.

Dieses junge Zwergkaninchen schnuppert neugierig am Baumstamm.

Die größte Kaninchenrasse (Deutscher Riese Grau) und das kleine Hermelinkaninchen im Größenvergleich.

Am linken Ohr erkennt man Geburtsdatum und die laufende Zuchtbuchnummer. Zum Beispiel: Rechtes Ohr: S 454 bedeutet: Sachsen, Verein 454. Linkes Ohr: 3.6.32: geboren im März, 1996. Die Zahl 32 besagt, daß das Tier im Vereinszuchtbuch unter der Nummer 32 registriert wurde.

Hinweis: Einige der für dieses Buch fotografierten reinrassigen Zwergkaninchen habe ich aus rein ästhetisch-fotografischen Gründen nicht tätowieren lassen.

Standard des Hermelin

Körperbau: Der Körper ist kurz und gedrungen, walzenförmig, gleichmäßig breit von vorne bis hinten; Becken gut gerundet; die kurzen Läufe sind feingliedrig.
Gewicht: 0,7 bis 1,5 kg.; Idealgewicht: 0,9 bis 1,25 kg.
Fell: Kurz, dicht und weich.
Kopf: Im Verhältnis zum Körper groß und markant; kurz und dick mit breiter Stirn und gut entwickelter Schnauzpartie; breites Nasenbein (»Froschmaul«).

Der Kopf sitzt ohne sichtbaren Hals dicht am Körper. Die Augen sind groß und treten unter kräftigen Augenknochen stark hervor.
Ohren: Der Zwergenform angepaßt, also möglichst kurz, eng zusammenstehend, oben schön gerundet und behaart. Ohrlänge bis 6 cm (idealer ist eine kürzere Ohrlänge).
Fellfarbe: Reinweiß in Deck- und Unterfarbe, ohne jeglichen gelben oder grauen Schimmer.
Augenfarbe: Bei Rotaugen (Albinos) farblos, das Rot des Augenhintergrundes leuchtet durch.
Die Augen der Blauaugen-Hermeline sind blaß-blau.
Krallenfarbe: Die Krallen sind farblos durchscheinend.

Ein sieben Wochen alter Farbenzwerg mit wildfarbenem grauen Fell.

Die Farbenzwerge

So bezeichnet man alle farbigen Zwergkaninchen. Sie entsprechen in Körperbau und Typ dem weißen Hermelin. Fell-, Augen- und Krallenfarbe gleichen jenen der farbgleichen größeren Rassen.
Man unterscheidet Farbschläge mit einheitlicher Grundfarbe

Foto links: Farbenzwerg Schwarz. Sein Fell muß einheitlich tiefschwarz sein.

und Zeichnungsarten, bei denen pro Tier das Fell in verschiedenen Farben und festgelegten Musterungen gezeichnet ist. Neben den Zwergkaninchen mit dem üblichen Normalhaar, gibt es noch Kurz- und Langhaarzwerge. Die Widderzwerge bilden eine Extrarasse.

Farbschläge mit einheitlicher Grundfarbe

Schwarz: Fell tiefschwarz ohne Rostschimmer oder helle Stellen; Krallen dunke; Augen dunkelbraun (→ Seite 28 unten).

Rot: Fell satt fuchsfarben mit lichteren Stellen an Augen, Kinn und Kinnbacken, Innenseiten der Läufe, Bauch und Blume (Hinterteil). Krallen dunkelhornfarbig; Augen braun (→ Foto, Seite 13).

Havanna: Fell glänzend dunkelbraun ohne grauen oder rostigen Schimmer. Krallen dunkelhornfarbig, Augen dunkelbraun, rot leuchtend (→ Umschlagrückseite rechtes Kaninchen).

Blau: Fell gleichmäßig blaugrau; Krallen dunkel, Augen blaugrau (→ Foto unten).

Grau oder Wildfarben: Fell ähnlich dem des Wildkaninchens, wobei das einzelne Haar mehrfach hell-dunkel gebändert ist). Bauch, Blume, Innenseite der Läufe und Kinnbacken sind weiß gefärbt. Krallen dunkel, Augen braun (→ Foto, Seite 28 oben).

Chinchilla: Fell im Gesamteindruck eisengrau, wobei jedes einzelne Haar dreifarbig gebändert ist (blau-weißlich/lichtaschgrau). Das Haarkleid ist zusätzlich von schwarzen und schwarzweißen Haaren durchzogen. Ohren schwarz eingefaßt, Blume unten und Bauchdeckfarbe weiß. Krallen schwarzbraun; Augen dunkelbraun (→ Foto, Seite 8).

Schwarzsilber: Die Deckfarbe ist schwarz, die Silberfarbe wird durch die weißgespitzten Grannenhaare hervorgerufen. Die Krallen sind schwarzbraun, die Augen dunkelbraun.

Sein gräuliches Fell schimmert leicht bläulich. Deshalb heißt die Standardfarbe Blau.

Zeichnungsarten

Russe (schwarz-weiß): Fell schneeweiß mit schwarzer Maske, die nur die Nase bedecken darf, schwarzen Ohren und schwarzen »Stiefelchen.« Im Winter erscheint die Zeichnung am reinsten (Kälteschwärzung). Krallen dunkelbraun, Augen wie bei Albinos rot leuchtend (→ Foto Seite 31 oben). Beim Russen (blau-weiß) ist die Zeichnung blau auf weißer Grundfarbe.

Thüringer: Fell im Grundton gemsfarbig mit Rußschleiern und weich verlaufender dunkler Maske, dunklen Ohren und »Stiefelchen«. Krallen dunkelhornfarbig; Augen braun (→ Foto unten).

Weißgrannen-Schwarz: Fell in der Grundfarbe rein schwarz mit über den ganzen Körper verteilten weiß bespitzten Grannenhaaren. Bauch, Innenseite der Läufe, Blumenunterseite, Augenringe, Kinnbackeneinfassung, Nasenlöcher und Ohren weiß. Krallen dunkel; Augen dunkelbraun (→ Foto Seite 20/21).

Weißgrannen-Blau: Grundfarbe blau, ansonsten wie oben beschrieben gezeichnet; Augen blaugrau.

Diese Zeichnungsart des Fells heißt Braunmarder. Die Grundfarbe ist Lichtbraun.

Siam Gelb: (Gelbmarder) Grundfarbe creme mit dunkler Maske und Blume, dunklen Ohren und Läufen. Streifen auf dem Rücken, leichte Schattierungen auf den Hinterschenkeln und der Schulterpartie.

Ein Thüringer Rassezwerg. Hübsch ist die dunklere Zeichnung des Kopfes und der Ohren.

Die Russen-Farbenzwerge haben stets rotschimmernde Augen.

Krallen hornfarbig, Augen dunkelbraun (→ Foto unten).

Braunmarder: Fell in der Grundfarbe lichtes Braun, Zeichnung wie bei Siam (Gelbmarder). Krallen dunkel, Augen dunkelbraun (→ Foto, Seite 30 oben).

Blaumarder: Fellgrundfarbe helles Blaugrau, Zeichnung wie bei Siam. Augen blaugrau, Krallen dunkel (→ Foto Seite 4/5).

Loh Schwarz,-Braun,-Blau: Fell in den Deckfarben schwarz, braun oder blaugrau; gut davon abgesetzt die Lohzeichnung, die sich auf Nasenlöcher, Kinnbacken, Augenringe, Ohrumrandung, Innenseite der Läufe, Genickteil, Brust- und Bauchlohe erstreckt (→ Umschlagklappe vorne). Krallen dunkel- bis schwarzbraun. Augen braun, bei Blauloh dunkel blaugrau.

Hotot: Grundfarbe weiss, um die Augen 3 bis 5 mm breite schwarze Augenringe, die die Augen wie eine Brille einfassen. Augen dunkelbraun, Krallen farblos.

Holländerfarbig: Fellfarbe weiß mit farbiger Zeichnung. Die Rumpfzeichnung umfaßt den hinteren Körperteil bis auf die weißen »Schühchen«.

Am Kopf umfaßt die Zeichnungsfarbe die Ohren, von dort ausgehend rahmt sie den Nasenrücken ein und verläuft, das Auge breit umfassend, um die Backen bis zum Genick. Es gibt auch Holländer-Kaninchen mit blauer Fellfarbe und blaugrauen Abzeichen. Bei den Schwarzen ist auch die Zeichnung schwarz.

Nach der gleichnamigen Katze ist das Siam-Kaninchen benannt.

Kurzhaarzwerge

Rex: Die Eigenart dieser Kurzhaarrasse läßt die Körperformen besonders deutlich hervortreten.
Die einzelnen Haare stehen senkrecht auf dem Haarboden, sind nicht gewellt und 16 bis 20 mm lang.
Castor-Rex: Deckfarbe rötlich kastanienbraun. Die einzelnen Fellhaare haben eine schwarze Spitze und eine breite, orange Zwischenfarbe. Kopf, Augen- und Kinnbackeneinfassung, Ohren, Brust und Flanken sind leicht heller. Innenseite der Läufe, Bauch und Blumenunterseite sind weiß in der Deckfarbe.
Der kleine Genickteil ist hellbraun, Augen und Krallen sind dunkelbraun (→ Foto Seite 33 unten).

Langhaarzwerge

Fuchszwerg: Das Fell ist 5 bis 6 cm lang mit sehr viel Unterwolle.
Kopf, Ohren und Läufe haben normale Behaarung.
Fuchszwerg Havanna: Deckfarbe gleichmäßiges Kastanienbraun. Augen braun, leicht rot durchleuchtet; die Krallen sind dunkel hornfarbig (→ Foto oben).

Dieser Fuchszwerg Havanna trägt mit acht Wochen noch sein Babyfell.

Der Widderzwerg

Diese Rasse wird auch Zwergwidder genannt. Das Widderkaninchen nimmt wegen seines höheren Gewichts und den Hängeohren eine Sonderstellung unter den Zwergkaninchen ein.

Ein Widderzwerg in der Farbe Schwarz-Loh.

Geschecktes Zwergwidder-Kaninchen: Thüringer-Weiß.

Im eigentlichen Sinne ist er kein echter Zwerg, sondern nur ein kleinwüchsiger Widder (→ Foto oben).

Körperbau: Der Widdertyp in Miniatur muß in allen seinen Kennzeichen gut zum Ausdruck kommen.

Eine besondere Haarstruktur haben die Rex-Kaninchen. Hier ein Castor Rex-Zwerg.

Die Körperform ist stark gedrungen; die Muskelpartien sind kräftig; die Läufen wirken kurz und kräftig.

Gewicht: 1,25 bis 2,0 kg. Das Idealgewicht ist 1,5 bis 1,8 kg.

Fell: Mittellang und dicht mit guter Begrannung (feste, längere Stützhaare).

Kopf: Mit dem schönen, gebogenen Nasenrücken erscheint das Profil widderartig. Der Kopf ist kräftig, mit breiter Stirn- und Schnauzenpartie versehen; der Nacken ist muskulös.

Ohren: An den Ohransätzen befinden sich Wülste (Krone genannt), die an Widderhörner erinnern und der Rasse den Namen gegeben haben. Widderohren (Behang) hängen hufeisenförmig vom Kopf herab, mit den Schallöffnungen nach innen. Von Ohrspitze zu Ohrspitze gemessen, sind sie 24 bis 28 cm lang.

Fellfarbe und Zeichnung: Wie bei den Farbenzwergen und dem Hermelin; besonders beliebt sind gescheckte Widderzwerge (→ Fotos Seiten 34/35 und 42).

Krallen und Augen: Dem Farbschlag entsprechend.

Dichtes, glänzendendes Fell, klare Augen und einen unbändigen Appetit. Diese beiden Zwerge fühlen sich wohl.

Richtig halten und pflegen

Wenn das Zwergkaninchen munter herbeihoppelt, sobald es Futter bekommt oder sich zum Streicheln in Ihren Schoß kuschelt, dann dankt es Ihnen auf seine Art für die liebevolle Pflege.

Was Kaninchen alles brauchen

Das Kaninchen springt und schlägt Haken, hoppelt, möchte buddeln und knabbert mit großer Begeisterung nicht nur an seinem Futter. Solch ein quicklebendiger gesunder Zwerg benötigt deshalb einen geräumigen und sicheren Zimmerkäfig.

Das Kaninchenheim

Käfiggröße: Ein Zimmerkäfig für ein bis zwei Zwergkaninchen sollte eine Mindestfläche von circa 90 x 50 cm haben und 45 cm hoch sein. Wer beruflich viel außer Haus ist und seine Zwergkaninchen täglich nur kurze Zeit frei laufen lassen kann, dem empfehle ich einen Großraumkäfig, mit der Fläche 115 x 65 cm.
Die im Zoofachhandel angebotenen Zimmerkäfige bestehen in aller Regel aus zwei Teilen: der Kunststoffunterschale und dem abnehmbaren Gitteroberteil.
Kunststoffunterschale: Vorteilhaft ist eine Schalenhöhe von 16 cm, geräumigere Schalen sind bis zu 25 cm hoch. So wird vermieden, daß das Kaninchen die Einstreu aus dem Käfig scharrt (→ Seite 41).
Gitteroberteil: Verzinkte Gitter eignen sich besser als kunststoffbeschichtete. Die Kunststoffbeschichtung würde ein Kaninchen schnell abnagen, was seiner Gesundheit schaden kann. Das Gitter sollte auf dem oberen Rand der Bodenschale aufliegen. So wird verhindert, daß die Einstreu beim Abheben hängen bleibt. Achten Sie auf eine stabile Seitenverstärkung des Gitteroberteils. Im Handel werden nämlich auch recht instabile Gitteroberteile angeboten, die beim Abnehmen in sich zusammenfallen.
Hinweis: Ungeeignet ist eine Kunststoffhaube als Käfigoberteil, denn in solch einem hochgeschlossenen Käfig ist die Luftzirkulation schlecht, im Käfiginneren stauen sich Hitze und Nässe, auch

Solch ein Katzenklo benutzen Zwergkaninchen als Toilette, wenn sie frei in der Wohnung laufen dürfen.

Ein idealer Käfig (Modell Wagner & Keller). Durch die Vordertür können die Kaninchen hinein und hinaus. Der aufklappbare Deckel erleichtert das Hantieren im Käfig.

Urindämpfe ziehen nur ungenügend ab. Ebenfalls ungeeignet ist die Unterbringung in einem Terrarium.

Der richtige Käfigstandort

Das Kaninchen mag es hell und luftig, verträgt aber keine pralle Sonne oder die direkte Nähe eines Heizkörpers. Die Wohlfühltemperatur liegt bei 15 bis 22 Grad, mit einer relativen Luftfeuchtigkeit von etwa 60%. Gegen schädliche Zugluft in Bodennähe und Kälte von unten können Sie den Zwerg schützen, indem Sie seinen Zimmerkäfig etwas erhöht stellen, z. B. auf eine kleine Matratze. So gesellig das Kaninchen auch ist, ständiger Durchgangsverkehr von vorbeirennenden Menschen erschreckt das scheue Kaninchen. Und weil es ein feines Gehör besitzt und höhere Frequenzen wahrnimmt als wir Menschen, sollte sein Zimmerkäfig nicht im Fernsehraum stehen. Gegen leise Hintergrundmusik hat Ihr Zwerg sicher nichts einzuwenden, doch laute Musikbeschallung, schreiende Kinder und ein kreischender Papagei im selben Raum würden das Kaninchen verschrecken und Streß bei ihm auslösen, der es krank machen kann.

Das Käfiginventar

Futtergefäße:
Der Futternapf sollte vor allem standfest, gut zu reinigen und nagefest sein. Gut geeignet sind schwere Näpfe aus glasiertem Ton oder Steingut. Kunststoff- oder Edelstahlnäpfe kippen zu schnell um, erstere werden angenagt. Empfehlenswert ist ein Napf mit einem Innendurchmesser von 17 cm, damit auch Grün- und Saftfutter hineinpassen. Ein nach innen gebogener Rand erschwert zusätzlich das Herausscharren des Futters. Jungen Kaninchen reicht man anfangs einen kleineren Napf, da sie sich gerne ins Futter setzen und es so verschmutzen.
Trockenfutter kann man dem Kaninchen auch in einem automatischen Futterspender anbieten. Er wird am Käfiggitter eingehängt und hat den Vorteil, daß das Futter nicht durch Kot oder Urin verschmutzt wird. Jedoch sollte er, genauso wie der Futternapf am Boden, stets nur die Tagesration enthalten, sonst frißt das Kaninchen aus Langweile zuviel und verfettet.

Trinkgefäß:
Frisches Trinkwasser muß dem Kaninchen jederzeit zur Verfügung stehen. Hierzu eignet sich am besten eine Nippeltränke, die am Käfiggitter eingehängt wird. Wählen Sie eine Kunststoffflasche mit Kugel-

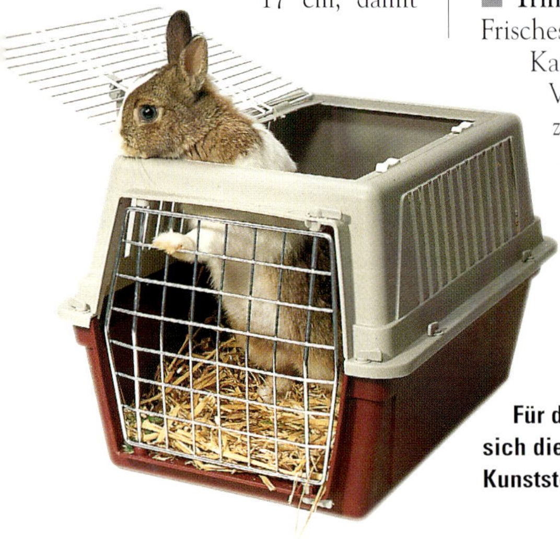

Für den Transport eignet sich diese luftige Box aus Kunststoff am besten.

Nippeltränke aus Kunststoff mit Stahl-Trinkröhrchen.

Die Heuraufe ist oben mit einem Holzbrett gesichert.

Das Sitzbrett auf der Heuraufe wird gerne genutzt.

In diesem Holzhäuschen (Grundfläche 25 x 35 cm) fühlt sich das Kaninchen geborgen. Das Flachdach dient als Aussichtsplatz.

TIP

Es gibt Heuraufen, die von innen in den Käfig gehängt werden und oben offen sind. Dort kann der Zwerg hineinspringen und mit den Läufen hängen bleiben. Deshalb entweder Heuraufe oben mit einem Brett abdecken oder eine schalenförmige Raufe wählen, die außen am Gitter eingehängt wird.

ventil im Trinkröhrchen, damit kein Wasser in den Käfig tropft. Größere Tränken mit 450 ml haben den Vorteil, daß sie zwei durstigen Kaninchen auch mal übers Wochenende hinaus genügend Wasser spenden, wenn Sie einmal nicht zu Hause sind.

Eine Schüssel als Trinkgefäß gehört nicht in den Zimmerkäfig. Das Kaninchen verunreinigt das Trinkwasser durch Kot, Urin und Einstreu. So entsteht ein idealer Nährboden für Bakterien.

■ **Heuraufe:**
Die tägliche Heuration reicht man dem Kaninchen am besten in einer Raufe, die am Käfiggitter eingehängt wird. Muß sich Ihr Zwerg ein wenig recken, um ans Heu zu gelangen, tut ihm diese Bewegung nur gut und hält ihn fit. Einfach auf den Käfigboden gelegt, würde das Heu zu schnell plattgetreten und verunreinigt.

■ **Häuschen zum Ausruhen:**
Wildkaninchen sind Höhlenbewohner, und auch ein

Zwergkaninchen fühlt sich geborgener, wenn es eine Zufluchtsmöglichkeit hat. Dies kann anfangs ein stabiler Pappkarton sein, ohne Boden, in den Sie ein Einschlupfloch schneiden. Ist der Karton zernagt und verschmutzt, wechselt man ihn einfach gegen einen frischen aus. Wollen Sie dem Tier ein »haltbareres« Häuschen kaufen, dann bietet der Zoofachhandel hier verschiedene Kaninchenheime aus Kunststoff oder Holz an. Ein Häuschen aus unbehandeltem Massiv- oder Sperrholz ist tiergerecht und natürlich, verschmutzt aber sehr schnell. Behandeln Sie das Holz mit einer ungiftigen Naturharzöllasur (Naturbaumarkt), die dem am Holz nagenden Zwergkaninchen nicht schadet.

Kaninchen lieben es, mit Artgenossen eng aneinander zu kuscheln.

Warum brauchen Zwergkaninchen einen Unterschlupf?

Die Vorfahren der Zwergkaninchen sind Wildkaninchen. In der Natur leben Wildkaninchen in ihrem Bau, den sie mit den Vorderpfoten tief in die Erde hineingraben. Solch ein Bau hat mehrere Eingänge, die zum »Wohnzimmer«, dem Kessel, führen. In seinen Bau flüchtet das Kaninchen, wenn ein Feind, zum Beispiel ein Marder, hinter ihm her ist. Hier ist es auch vor Nässe, Kälte und Hitze geschützt. Außerdem kommen die Jungen des Kaninchens im Bau zur Welt und verbringen ihre ersten Lebenswochen hier. Das Zwergkaninchen hat viel von seinen wilden Verwandten geerbt. Es braucht in seinem Käfig oder Gehege ein Häuschen. Dorthinein kann es sich zurückziehen, wenn es Schutz sucht oder ungestört sein möchte.

Als weiteren Ruheplatz und erhöhten Ausguck, wie es das Kaninchen liebt, können Sie zusätzlich ein Holzbrett in die Käfiggitter einhängen.

Die Einstreu

Kaninchen haben empfindliche Nasenschleimhäute und vertragen es nicht, im Feuchten zu hocken. So muß die Einstreu möglichst staub- und reizarm sein, schadstoffrei, gut Urin aufsaugen und eine behagliche Unterlage bilden. Im Handel angeboten werden: Gepreßte Weichholzspäne (Sägespäne in Beuteln), eine Mischung aus Holzspänen mit Torf, kurz geschnittenes sowie langhalmiges Stroh oder Einstreu aus Strohpellets.

Hinweis: Auf Einstreu, der Torf zugesetzt ist, sollten Sie aus Naturschutzgründen verzichten.

Sägespäne sind verhältnismäßig preisgünstig, saugfähig und bestehen aus natürlichem Weichholz. Diese feinen Späne bilden eine weiche, warme Unterlage, bleiben aber im Fell der Kaninchen hängen und werden von den Tieren beim Auslauf in die Wohnung getragen. Das gleiche gilt für die Kleintierstreu aus Torf und Holzspänen.

Bei allen langhaarigen und weichwolligen Kaninchenrassen wie Jamora und Angoramischlingen sollte man Holzspäne oder Torfmischungen überhaupt nur als Untergrundstreu verwenden und darüber eine dicke Schicht Stroh legen. Die feinen Späne würden sich sonst in der weichen Wolle verhaken und sie verfilzen.

Hinweis: Sägespäne vom Schreiner stammen oft von chemisch behandelten Hölzern und sind nicht empfehlenswert. Das in den Spänen enthaltene Sägemehl staubt sehr und reizt die Schleimhäute des Kaninchens.

Stroh mögen Kaninchen gerne zum Kuscheln, zum Nestbau, und manche von den Tieren schätzen es als zusätzliche Knabberkost. Versuchen Sie möglichst, Stroh aus biologischem Anbau zu erhalten, entweder beim Biobauern oder Produkte, die diesbezüglich genau deklariert sind.

Stroh aus der konventionellen Landwirtschaft ist nicht nur stark mit Schädlingsbekämpfungsmitteln belastet, sondern zusätzlich noch mit Halmverkürzern behandelt worden. Beides schadet der Gesundheit des Kaninchens.

Einstreu aus Strohpellets hat eine hohe Saugfähigkeit und ist wie die vorher genannten Naturstreus ebenfalls kompostierbar.

Im Handel wird es als Kleintierstreu mit Strohpellets aus biologischem Anbau angeboten und ist eine empfehlenswerte Alternative. Die gepreßten Röllchen zerbröseln sehr schnell und werden von den Kaninchen zu einer weichen Matte zertreten.

Katzenstreu aus Tongranulat als alleinige Einstreu im Zimmerkäfig wäre für die Kaninchen eine zu grobe und harte Unterlage. Man kann es als Untergrundstreu verwenden und darüber eine dicke Lage Stroh legen.

Zeitungspapier kann man zum Aufsaugen von Urin unter eine Lage Stroh oder Sägespäne in den Käfig legen. Doch wenn das Kaninchen daran knabbert, nimmt es über die Druckerschwärze Gift auf.

Hinweis: Ich verwende folgende Einstreu-Kombination: Als Unterlage Holzspäne, darüber eine dicke Lage Biostroh. In die Kloecke des Zimmerkäfigs stelle ich zusätzlich das Toilettenkistchen gefüllt mit Katzenstreu.

Die Kaninchentoilette

Zwergkaninchen benutzen meist eine bestimmte Käfigecke zum Urin und Kot absetzen. In diese Ecke stellen Sie ein Katzenklo aus Plastik, das so groß sein sollte, daß sich das

Achtung: Frißt Ihr Kaninchen Katzenstreu, verwenden Sie stattdessen Strohpellets in der Toilette.

Selbst gebautes Freigehege mit Schutzhütte. Das Gehege ist 2,10 m lang, 1,05 m breit und 0,80 m hoch (→ Seite 125).

Kaninchen darin ausstrecken kann. Füllen Sie das Toilettenkistchen mit Katzenstreu aus Tongranulat.

Hinweis: Kaninchen scharren gern im Katzenstreu. Legen Sie deshalb eine Tuffsteinplatte (passend vom Steinmetz zurechtgeschnitten) unter die Streu in das Katzenklo. Wenn das Tier buddelt, werden gleichzeitig die ständig nachwachsenden Krallen abgewetzt. Außerdem beschwert die Steinplatte die leichte Kunststoffschale. Während des Auslaufs in der Wohnung oder auf dem Balkon dem Tier ein zusätzliches Kaninchenklo bereitstellen (→ Stubenreinheit, Seite 101). Hier verwende ich die geräumigeren Kunststoffschalen mit aufsetzbarem Rand (→ Foto, Seite 36).

Auslauf in der Wohnung

Wer sein Zwergkaninchen gesund erhalten will, muß dieses bewegungsfreudige Tier täglich frei laufen lassen. Der erste Ausflug sollte aber erst dann stattfinden, wenn sich

Ihr Zwerg eingewöhnt hat (→ Seite 98). Für den Freilauf sind einige Vorsorgemaßnahmen zu treffen:

- Wertvolle Teppiche und Möbel sollten sich nicht im Zimmer befinden, denn sie könnten verschmutzt und angenagt werden.
- Auf glatten Parkett- oder Kunststoffböden rutscht Ihr Kaninchen aus. Meine Zwerge haben es gelernt, nicht so temperamentvoll »durchzustarten«, wenn sie den Teppichboden verlassen und über die Holzdielen im Flur hoppeln. Auf Steinfliesen ohne Fußbodenheizung besteht jedoch Erkältungsgefahr.
- Elektrische Leitungen müssen unerreichbar sein. Kaninchen nagen daran und können einen tödlichen Stromschlag bekommen.
- Kaninchen springen einem manchmal direkt zwischen die Füße. Deshalb vorsichtig durch die Wohnung gehen.
- Türen langsam öffnen und schließen, das Tier könnte sich dahinter versteckt haben und eingeklemmt werden.
- Giftige Zimmerpflanzen dürfen nicht erreichbar sein.
- Den Zimmerkäfig offen halten und zusätzlich eine Kloschale ins Zimmer stellen.

Das selbstgebaute Freigehege ist sowohl von vorne (→ Foto, Seite 43), als auch von oben zu öffnen.

Leben auf dem Balkon

Hier können Sie Ihrem Kaninchen entweder seinen täglichen Auslauf gewähren oder ihm vom Frühling bis in den Herbst hinein ein festes Zuhause einrichten.

Hinweis: Ein sehr zugiger Balkon ohne schützende Überdachung ist jedoch nicht als Unterbringung geeignet.

Bodenkälte: Einen Balkon mit betoniertem Estrich oder Bodenfliesen am besten mit einer Plastikfolie auslegen. Darüber kommt noch eine Stroh- oder Schilfmatte. Dieser Teil des Balkons muß jedoch unbedingt durch eine Überdachung vor Regen geschützt sein, da diese Naturmatte nicht wetterfest ist.

Sonne: Hat Ihr Balkon keine Schattenzone, in die sich Ihr Zwergkaninchen zurückziehen kann, müssen Sie vor allem im Hochsommer z. B. durch eine Markise oder einen Sonnenschirm Schatten schaffen, damit der Kleine keinen Hitzschlag erleidet.

Sicherheit: Balkongitter sichert man am besten mit Maschendraht, der am Boden gut befestigt werden muß. Da Brüstungen höchstens 1 m hoch sind, eher niedriger, gelingt es einigen Kaninchen sogar, diese zu überspringen. Deshalb den Balkon am besten mit einem Katzennetz nach oben hin absichern. Dies ist auch zum Schutz gegen Katzen und Marder sinnvoll, falls sich Ihr Balkon im Erdgeschoß befindet.

Zum Schutz vor Zugluft und als zusätzliche Sicherheit kann man Balkongitter und unten nicht geschlossene Brüstungen mit einem 25 cm hohen Holzbrett verschalen, woran die Kaninchen auch gerne nagen.

Weiteres Inventar: Zum Ruhen und Kuscheln stellen Sie dem Kaninchen eine Schale mit Stroh oder Heu in eine geschützte Balkonecke. Auch die Toilettenschale, gefüllt mit Katzenstreu, Futter- und Wassernapf gehören in den Balkonauslauf.

Klimawechsel: Ein Wohnungskaninchen setzt man anfangs nur tagsüber für 1 bis 2 Stunden nach draußen, damit es sich langsam an die Außentemperaturen gewöhnt und sich nicht erkältet. Beginnen Sie im Frühling bei Temperaturen um etwa 20 °C damit. Nachts sollten Sie den Zwerg hereinholen, bis die Nachttemperaturen nicht mehr unter 15 °C sinken.

TIP

Wer sein Kaninchen während des Auslaufs in der Wohnung nicht ständig beaufsichtigen kann, sollte dem Tier ein Freigehege ins Zimmer stellen (→ Foto Seite 46). Wenn Sie es abwechslungsreich einrichten, entsteht eine regelrechte Spielecke für das Kaninchen (→ Spiel und Spaß, Seite 106).

Dieses Freigehege (Modell Wagner & Keller) ist nur für stundenweisen Aufenthalt unter Beobachtung geeignet.

Dauerhaltung auf dem Balkon: Nach der Eingewöhnungszeit kann Ihr Zwerg bis in den Herbst hinein auf dem Balkon leben (Streicheleinheiten nicht vergessen!). Bleibt im Sommer die Balkontür offen, soll das Tier aber nicht in die Wohnung laufen, einen mit Maschendraht bezogenen Rahmen in die Tür einhängen.

Für die kühleren Nächte braucht das Kaninchen unbedingt eine Schutzhütte. Die im Freigehege auf Seite 43 abgebildete Schutzhütte wurde von mir entworfen und kann bei etwas handwerklichem Geschick nachgebaut werden. Die Hütte hat die Maße 45 x 45 cm und ist 30 cm hoch. Der Durchmesser des Einschlupfes beträgt 14 cm. Die Vorderseite ist als Tür konstruiert, damit man das Häuschen besser sauber halten kann. Die Hütte bietet zwei Zwergkaninchen einen warmen Unterschlupf.

Das getrennte aufklappbare Wetterdach mit geschlossener Rückseite ist vom Boden bis zur Dachspitze 70 cm hoch und aufgestellt 1 m breit (Bauanleitung und Bausatz → Adressen, Seite 125).

Sommerfrische im Garten

Im Garten, und sei er auch noch so klein, fühlt sich ein Kaninchen am wohlsten. Hier kann es nach Herzenslust am frischen Grün knabbern, herumhoppeln und Haken schlagen. Die Bewegung an der frischen Luft härtet ab, und die Tiere bekommen ein schöneres Fell. Allerdings kann der unbeaufsichtigte Freilauf im Garten schnell zu einem Ausflug ohne Wiederkehr werden. Besser, Sie stellen im Halbschatten eines Baumes ein Kaninchengehege auf (→ Fotos, Seite 43, 44 und 46).

Die beiden abgebildeten Auslaufgehege sind versetzbar und oben durch ein Netz bzw. Gitter geschützt, so daß die Kaninchen nicht hinausspringen können. Kontrollieren Sie ab und zu, ob Ihre Zwerge versuchen unter dem Gitter zu graben und sich auf diese Weise einen Weg in die Freiheit zu schaffen. Für diesen Fall sollten Sie den Boden mit weitmaschigem Drahtgitter abdecken und dieses sicher mit den Seitenelementen verbinden.

Hinweis: Das mobile Kaninchengehege darf nicht auf einer mit Chemikalien behandelten Grünfläche stehen!

Hier macht Spielen Spaß. Die Holzbrücke kann man leicht nachbauen (→ Seite 107).

Gesunde Ernährung hält fit

Genügsam müssen Kaninchen in der Natur immer dann sein, wenn es die Umstände erfordern z.B. im Winter oder, wenn sie in Trockengebieten zu Hause sind, denn hier ist der Tisch nicht so reichlich gedeckt. Ansonsten bevorzugen die kleinen Feinschmecker jedoch einen recht abwechslungsreichen Speiseplan, wobei jedes Zwergkaninchen individuelle Vorlieben entwickelt.

Heu, das »Brot« des Kaninchens

Dieses rohfaserreiche Rauhfutter reguliert durch seine vielen Ballaststoffe die Verdauung des Kaninchens. Deshalb muß die Heuraufe für Ihren Zwerg immer gut gefüllt sein, auch nachts, gleich, was er zusätzlich zu fressen erhält. Heu macht nicht dick, und das Kaninchen kann soviel davon fressen, wie es mag. Hochwertiges Heu enthält wichtige Nährstoffe.

Qualitätsheu erkennen:

- Gutes Heu enthält Kräuter und Blumen sowie unterschiedlichste Gräser mit Blättern, Blüten und Fruchtständen, die auch im getrockneten Zustand noch gut zu erkennen sind.
- Das Heu hat eine grünliche Farbe, ist weder gelblich noch grau.
- Es verströmt einen angenehm aromatischen Duft.
- Das Heu stammt von naturbelassenen Wiesen.

Hochwertiges Heu zu besorgen, wird immer schwieriger. Intensiv genutzte Wiesen werden so häufig geschnitten und reichlich gedüngt, daß sich keine Pflanzenvielfalt entwickeln kann, sondern nur noch reine Grasbestände zu finden sind.

Der Zoofachhandel bietet in Beuteln abgepacktes Heu an. Empfehlenswert ist z. B. sogenanntes »Alpenwiesenheu«. Das Erntedatum wird leider nicht auf der Packung angegeben.

Heu als Ballen oder säckeweise können Sie sich auch bei einem Bauern besorgen. Hochwertiges Heu erhält man beim Ökobauern oder solchen, die naturbelassene Wiesen bewirtschaften (Alpenwiesen; Naturschutzgebiet).

Hinweis: Das Heu vom zweiten Schnitt heißt Grummet.

Altes Heu erkennen:

Minderwertiges Heu staubt stark und reizt dadurch die Atemwege des Kaninchens. Altes Heu ist nährstoffarm

Der Kaninchen-Speiseplan muß abwechslungsreich sein, damit der Zwerg gesund bleibt.

Kaninchen sind dämmerungsaktive Tiere. Deshalb sollten Sie die Grünfutterration abends reichen.

und für das Kaninchen nicht mehr so schmackhaft.
Vorsicht bei Heu, das außerdem feucht, faulig oder sogar schimmelig ist. Es kann schwere Verdauungsstörungen mit Durchfällen, Aufblähen und Koliken verursachen.

Trockenfertigfutter

Es ist praktisch in der Anwendung, haltbar und leicht zu besorgen.
Als sogenanntes Alleinfutter gekennzeichnet, enthält es die Nährstoffe und Vitamine, die Ihr Zwerg für seine Ernährung benötigt.
Die Züchter von Rassekaninchen verfüttern ihren Tieren sogenannte Pellets, das sind grün-bräunliche Röllchen aus gepreßten Futterbestandteilen (verschiedene Grünpflanzen und Getreidesorten mit Vitaminzugaben). Solch ein Kaninchenzuchtfutter erhalten Sie vor allem im Landhandel, allerdings nur säckeweise ab 5 kg.

TIP

Gesunde Ernährung und viel Bewegung beugen Krankheiten vor. Die von mir empfohlene ganzjährig durchgehende kombinierte Fütterung von Trockenfutter mit Saft- und Grünfutter ist auf den empfindlichen Verdauungsapparat des Zwerges abgestimmt .

So sieht gesundes Trockenfutter aus. Es enthält einen hohen Rohfaseranteil.

Der Zoofachhandel bietet verschiedene Fertigfutter-Mischungen auch in kleinen Portionen an. Meist enthalten sie neben Grünfutterpellets, Getreide (als ganze Körner, gequetscht oder als Flakes), verschiedene Saaten, etwas Trokkengemüse und sind ebenfalls vitaminisiert.

Hinweis: Man unterscheidet Alleinfutter, das zur alleinigen Ernährung des Tiers geeignet ist. Ergänzungsfutter kann als Zusatzfutter gereicht werden. Aufzuchtsfutter bekommt das junge Kaninchen, dessen Entwicklung noch nicht abgeschlossen ist. Zuchtfutter ist vor allem für Tiere gedacht, die Zuchtleistungen erbringen müssen. Mit Mastfutter werden Schlachtkaninchen gemästet.

Worauf Sie beim Futterkauf achten sollten

■ Schauen Sie auf das Mindesthaltbarkeitsdatum, das auf der Packung aufgedruckt ist. Ist es bereits abgelaufen, enthält das Futter nicht mehr alle wichtigen Vitamine.

■ Bunt eingefärbte Futterstücke erfreuen höchstens das menschliche Auge und regen die Kauflust an. Ihrem Zwerg schmeckt es deshalb nicht besser. Verzichten Sie darauf!

■ Kaufen Sie Futtermischungen mit wenig Getreidekörnern, dafür mehr Grünpellets (z. B. aus Luzernegrünmehl) und getrocknetem Gemüse. Sind die Futterbestandteile angegeben – dies ist jedoch keine gesetzliche Pflicht – wird der Mengenanteil des Inhalts immer von oben nach unten angegeben. Steht also Getreide an erster Stelle, ist dessen Anteil in der Futtermischung am höchsten.

Hinweis: Empfehlen kann ich das Futter »Russel Rabbit«. Es ist im Zoofachhandel in den Packungsgrößen 1 kg, 3 kg und 18kg erhältlich (→ Foto unten).

Fütterungs-Tips für Trockenfutter

Viele der im Zoofachhandel angebotenen Kraftfutter enthalten zuviel Getreide und einen zu niedrigen Rohfaseranteil (er sollte mindestens 13% betragen). Diese sehr energiereiche Kost darf deshalb nur sparsam dosiert verfüttert werden, sonst verfettet das Zwergkaninchen zu schnell. Geben Sie davon:

■ 30g (3 Eßlöffel) pro Tag für einen Rassezwerg (mit 1,25 kg Lebendgewicht)
■ 40g (4 Eßlöffel) pro Tag für einen größeren Zwergmischling oder den schwereren Zwergwidder.

Beobachten Sie, ob Ihr Zwerg seine Tagesration komplett auffrißt oder sich nur seine »Leckerlis«, meist die fettmachenden Getreideflocken heraussucht, das andere aber, wie die gesunden rohfaserreichen Grünfutterpellets, liegen läßt. Dann die Futterreste nicht wegschütten und die Schüssel neu füllen! Warten Sie stattdessen, bis der Zwerg aufgefressen hat. Geben Sie dem Leckermaul das nächste Mal weniger Futter. Kontrollieren Sie monatlich das Gewicht des Tieres. Nimmt Ihr ausgewachsener Zwerg beständig zu, bekommt vielleicht eine kleine Fettwamme am Hals, dann gilt zur Erhaltung der guten Kondition: Einen Diättag einlegen (nur Heu und Wasser), Futtermenge reduzieren und für mehr Bewegung sorgen!

Grün- und Saftfutter

Alle Kaninchen mögen frische Grünpflanzen, frisches Gemüse und etwas Obst, denn das aromatische saftige Futter mundet den kleinen Feinschmeckern und entspricht dem natürlichen Ernährungsbedürfnis. Wildkaninchen fressen überwiegend Grünpflanzen, frisch und getrocknet, Knollen und Futterpflanzen vom Acker, selten aber Getreide. Das Kaninchen ist von seinem Verdauungssystem her kein Konzentrat- sondern ein Pflanzenfresser.

Welche Leckerbissen mögen Kaninchen besonders gern?

Mümmel war ein hübsches, weißes Zwergkaninchen. Nina, der Mümmel gehörte, liebte ihr Kaninchen so sehr, daß sie es jeden Tag mit Schokolade verwöhnte. Leider wurde es davon immer dicker und dicker. Eines Tages lag Mümmel tot im Käfig. Zuviel Schokolade war Schuld daran. Wenn du dein Kaninchen gern hast, darfst du ihm keine Süßigkeiten geben. Füttere es mit gesunden Leckerbissen. Vor allem Petersilie, Möhren, Löwenzahn oder ein Stück Apfel mögen Zwergkaninchen gern. Beliebt sind auch »Kräuterrollis«, die du im Zoofachgeschäft kaufen kannst. Besonders freut sich dein Zwergkaninchen über einen Zweig mit jungen Blättern und frischen Knospen. Den Zweig kann es nach Herzenslust beknabbern.

»Männchen machen« lernt das Kaninchen am besten mit Hilfe eines Leckerbissen wie diesem Löwenzahnblatt (→ Seite 108).

Wertvolle Futterpflanzen selbst sammeln

■ Löwenzahn. Am liebsten mögen Kaninchen die ersten zarten Pflänzchen.
■ Wiesengras. Die jungen Grashälmchen und die zarten Spitzen stehen hoch im Kurs.
■ Spitz- und Breitwegerich, Wicke, Bärenklau (nur Blätter von Jungpflanzen verfüttern), Melde, Gänsefuß, Huflattich sind nährstoffreiche Unkräuter.
■ Waldhimbeere, -erdbeere, -brombeere. Nur die zarten jungen Blätter und nicht mehr als zwei, drei Früchte als Leckerbissen verfüttern.
■ Luzerne (Alfa-Alfa). Es enthält viel Eiweiß.
■ Kleegras. Nur in kleinen Mengen anbieten, da es blähend wirkt.
■ Junge Brennessel. Die Blätter vor dem Verfüttern kurz anwelken lassen, damit sie dem Kaninchen kein Brennen verursachen.
■ Schafgarbe und Kamille. Sie wirken krampflösend und beruhigend bei Blähungen und Darmerkrankungen.

Hinweis: Nur Pflanzen verfüttern, die Sie genau kennen, denn etliche sind giftig und auf den Instinkt Ihres Kaninchens sollten Sie sich nicht verlassen. Ich habe mich anfangs von einem pflanzenkundigen Freund begleiten und anlernen lassen. Heute trage ich auf meinen Wanderungen stets einen guten Pflanzenführer bei mir.

Geeignete Sammelorte:
■ Naturbelassene Wiesen, vor allem in Naturschutzgebieten, aber auch in städtischen Grünanlagen, wo solche

artenreiche Wiesen immer häufiger angelegt werden.

- Brachflächen, also nicht landwirtschaftlich genutzter Grund und verwilderte Grundstücke.
- Im Wald und am Waldrand (nicht in der Nähe von Wildkaninchenkolonien. Hier besteht Myxomatosegefahr → Seite 73).
- Im Garten, wenn dort keine Herbizide und Pestizide verwendet werden.

Ungeeignete Sammelorte:

- Am Rand vielbefahrener Straßen (Belastung durch Autoabgase).
- In Parks und auf Wiesen, wo Hunde ausgeführt werden (Krankheitsübertragung durch Kot).
- In direkter Nähe chemisch behandelter Äcker.
- Auf Wiesen, die mit Unkrautvernichtungsmittel behandelt worden sind.

Aus Küche und Garten

Geeignetes Gemüse:
Möhren, Kohlrabi, Fenchel (Kraut und Knolle), Stangensellerie, Feldsalat, Chicoree, Broccoli, Radieschen und Rettich (nur Blätter), Zichorie (Zuckerhut), Spinat, Sellerieknolle, Topinambur (Kraut und Knolle), Sojabohnengrün und Erbsengrün, frische junge Maiskolben (kalorienreich!),
Geeignete Gewürzkräuter:
Petersilie, Dill, Liebstöckel (Maggikraut), Kerbel, Majoran und Salbei.

Die jungen saftigen Blätter und Blüten des Löwenzahns frißt das Kaninchen am liebsten.

Vom Fenchel darf der Zwerg sowohl Knolle als auch Kraut fressen.

Löwenzahn und andere Pflanzen nur auf Flächen sammeln, wo kein Gift gespritzt wurde und abseits von Straßen.

Geeignetes Obst: Vor allem Apfel, ein wenig Birne, oder wenn es Ihr Kaninchen mag, mal eine Erd- oder Himbeere.
Bedingt geeignetes Gemüse: Alle Kohlsorten, da sie stark blähen. Nur in geringen Mengen (höchstens 30 Gramm täglich) unter das Futter mischen. Fast alle Kopfsalate, da sie stark gespritzt und vor allem als Treibhausware sehr nitrathaltig sind, verursachen ebenfalls Verdauungsstörungen. Wenn überhaupt nur unbehandelte Freilandsalate in kleinen Mengen verfüttern.
Nicht empfehlenswert: Salatgurke, Tomate, Zucchini, Aubergine, rote Beete, rohe Kartoffel.
Giftig sind: Kartoffelkeime und rohe Bohnen.

Eine »Kaninchenwiese« anlegen

Im Winter kann man dem Zwerg in der Wohnung eine eigene kleine Kaninchenwiese anlegen, die herrlich frisches Futter bietet.
Sie brauchen dazu: Eine Hydroschale (25 cm Durchmesser, 10 cm hoch → Foto, Seite 56), Blähton (5 bis 10 mm), Aussaaterde und Keimsaaten (z. B. Getreide, Luzerne/Alfa-Alfa, Kresse). Die Samen sind auch einzeln verwendbar.
So wird's gemacht:
1. Etwa vier Eßlöffel Saatkörner vier Stunden in lauwarmes Wasser legen, dann keimen sie später besser.
2. Als Drainageschicht 3 cm hoch Blähton in die Schale füllen. Dies speichert Feuchtigkeit, verhindert aber, daß später die zarten Wurzeln im Wasser stehen und faulen.
3. Darüber 5 cm hoch Erde füllen und den Samen gleichmäßig darauf verteilen.
4. Den Samen mit einer 2 cm dicken Erdschicht bedecken und die Erde sanft andrücken.
5. Etwas Wasser mit einer Gießkanne (mit Brauseteil) angießen. Die Erde nie austrocknen lassen, aber auch nicht soviel gießen, daß das Wasser in der Schale steht.
6. Die Schale dann an ein helles Fenster stellen, wo es warm ist.
In zwei bis vier Wochen entsteht so – je nach Pflanzenart – eine saftig grüne »Kaninchenwiese.« Schneiden Sie die Halme und Blättchen nach

Bedarf zum Verfüttern einfach unten mit der Schere ab.

Hinweis: Schneller kann man Keimsaaten (Alfa-Alfa, Radieschen, Kresse) auch in einem Keimgerät aus Plastik ohne Erde zu leckeren vitaminreichen Sprossen heranziehen. Ab und zu einen Eßlöffel der gekeimten Saaten unters Futter gemischt, hält das Kaninchen fit und gesund. Übrigens sind diese Sprossen auch sehr gesund für Menschen. Probieren Sie sie einmal zusammen mit Salat. Es schmeckt prima.

Kaninchen knabbern gern

Zwergkaninchen brauchen ständig etwas zum Knabbern, damit sich ihre stets nachwachsenden Zähne ausreichend abnützen können. Der stärkste Abtrieb der Zähne erfolgt über das Grünfutter.

Zweige, vor allem mit Knospen oder den ersten zarten Blättern, befriedigen das Nagebedürfnis Ihres Zwerges.

Hängen Sie die Zweige etwas erhöht ins Käfiggitter ein, damit sich das Kaninchen seinen Futterspaß erarbeiten kann. Diese kleine Streckübung zwischendurch hilft gegen Langweile und hält fit. Zarte junge Zweige frißt das Kaninchen ganz auf, dickere Äste werden solange benagt, bis nur noch das weiße Holz übrigbleibt.

Am beliebtesten sind die Zweige von Haselnuß, Hainbuche, Erle, Weide, Linde, Ahorn, Esche und Obstbäumen. Sie können auch ein Nagebrett aus unbehandeltem weichen Naturholz ins Gitter klemmen (Fichte oder Linde). Solche Holzbrettchen können Sie sich beim Schreiner oder im Baumarkt zurechtschneiden lassen.

Hinweis: Keine gefrorenen oder gespritzte Zweige reichen. Immer nur ein oder zwei kleine Zweige mit der Gartenschere aus dem Baum herausschneiden. Zweige nie abbrechen oder ganze Bündel abreißen. Dies schadet dem Baum.

Als zusätzliche Nagekost kann

Die leckeren gekeimten Samenkörner verführen zum Naschen. Am besten gleich reinlegen!

man einmal wöchentlich eine halbe Kante hartgewordenes Vollkorn- oder Knäckebrot verfüttern. Das darf jedoch nicht angeschimmelt, stark gewürzt oder gesalzen sein. Knabberstangen oder -herzen, Drops und dergleichen werden speziell für Kaninchen im Handel angeboten. Kaufen Sie nur solche Knabberleckereien, die viele pflanzliche Bestandteile enthalten wie Gemüse, Kräuter und Grünpflanzen. Doch Vorsicht, lassen Sie sich nicht täuschen und schauen Sie genau auf die Inhaltsstoffe. Nicht alles was grün ausschaut, enthält auch »Grünes«.
Nicht empfehlenswert sind alle Knabbereien, die Zucker,

Ein kleiner Menüplan für das Zwergkaninchen

Morgens	Trockenfutter: 30 g (3 Eßlöffel) pro Zwergkaninchen.
Abends	Grün- und Saftfutter: Grünfutter (eine hohle Hand): Löwenzahn, Möhrenkraut, Feldsalat. Abwechselnd mit Saftfutter: 1 Karotte, 1/2 Knolle Fenchel, oder 2 bis 3 Röschen Broccoli.
Täglich dazu	Die Raufe voll Heu und die Nippeltränke frisch mit Wasser aufgefüllt.
Einmal pro Woche	Als Knabberkost : 2 bis 3 junge Zweige abwechselnd mit einer Kante hartem Vollkornbrot oder einer Scheibe Knäckebrot.
Als Leckerli zwischendurch	1/4 Stück Apfel, Gewürzkräuter wie Petersilie (kleiner Bund) oder 1 Eßlöffel grobe Vollkornhaferflocken.

Hinweis: Die Mengenangaben in diesem Menüplan sind nur Durchschnittswerte. Sie müssen durch Erfahrung, Beobachtung und durch regelmäßige Gewichtskontrollen selbst herausfinden, wieviel Ihr Zwergkaninchen fressen darf.
Die aufgenommene Futtermenge und Energie soll dabei der Leistung des Tieres und seinem Energieverbrauch angepaßt werden. So bekommt ein Tier, das viel Auslauf hat, oder eine säugende Häsin entsprechend mehr Futter, als ein Kaninchen, das sich weniger bewegt und »nur« sich selbst erhalten muß.

zuviel Getreidekörner, Haselnüsse und Ölsaaten enthalten. Davon werden Zwergkaninchen sehr schnell fett.
Verboten sind Schokolade, Kekse und Kuchen. Viele Kaninchenhalter möchten ihrem Kaninchen in dieser Form eine Belohnung zukommen lassen. Doch das Kaninchen wird davon krank.
Es kann von Süßigkeiten schwere Verdauungsstörungen mit Magen-Darmblähungen und Koliken bekommen.

Das richtige Getränk: Wasser

Wieviel ein Kaninchen trinkt, ist individuell verschieden. Doch Wasser zum Trinken brauchen sie alle, auch wenn sie viel Saft- und Grünfutter erhalten.
Besonders großen Durst haben Kaninchen an heißen Sommertagen, im Winter in der Wohnung bei trockener Heizungsluft und wenn sie hauptsächlich Trockenfutter fressen.
Vor allem trächtige und säugende Häsinnen trinken in der Regel sehr viel.

Wichtig beim Tränken:
- Täglich die Nippelflasche mit frischem Wasser füllen.

Alles wird auf Freßbarkeit hin getestet und in Windeseile mit den Nagezähnen zerkleinert.

TIP

Normalerweise haben Kaninchen einen gesunden Appetit. Frißt Ihr Kaninchen jedoch wenig oder gar nichts, kann dies auf eine beginnende Krankheit hindeuten (→ Erste Krankheitsanzeichen, Seite 66). In diesem Fall sollten Sie das Tier genau beobachten und, falls nötig, sofort mit ihm zum Tierarzt gehen.

Ein Viertel von einem frischen Apfel ist ein gesunder Leckerbissen für Zwischendurch.

- Kein eiskaltes Wasser reichen. Es verursacht Verdauungsbeschwerden.
- Ist das Trinkwasser stark gechlort, sollten Sie es vorher abkochen und dem Tier danach abgekühlt anbieten.
- Bei hoher Nitratbelastung des Trinkwassers, stilles Mineralwasser (kohlensäurefrei und natriumarm) anbieten.
- Milch vertragen Kaninchen nicht!
- Verdünnter Kamillentee wird gerne getrunken und hilft bei Verdauungsbeschwerden.
- Bei erhöhtem Vitaminbedarf (säugende Häsin oder nach einer Krankheit) kann das Trinkwasser mit einem entsprechenden Präparat angereichert werden.

Vitaminpräparate erhalten Sie beim Tierarzt oder im Zoohandel (Dosierungsanweisung beachten!).

So füttert man richtig

- Füttern Sie regelmäßig, am besten zweimal täglich, morgens und abends. Das Kaninchen stellt sich darauf ein. Zu große Abstände und Unregelmäßigkeit führen zu hastigem Fressen und damit unweigerlich zu Verdauungsproblemen.
- Füttern Sie abwechslungsreich. Morgens bekommt der Zwerg Trockenfutter und abends – da das Kaninchen ein dämmerungsaktives Tier ist – seine Portion Grün- und Saftfutter. Diese Fütterungsweise entspricht der Natur des Kaninchens und wird bestens vertragen.
- Ausreichend frisches Heu und Trinkwasser müssen immer zur Verfügung stehen.
- Grün- und Saftfutter nur frisch und sauber verfüttern. Gemüse und Obst abwaschen, danach gut abtropfen lassen. Grünfutter am besten in einem separaten Futternapf oder einer Extraraufe reichen.
- Was an Frischkost übrig bleibt, nach zwei Stunden bzw. spätestens am nächsten Morgen entfernen.

Nie verfüttern darf man welkes, verschmutztes und schimmeliges Futter.

Geben Sie dem Zwergkaninchen nichts direkt aus dem Kühlschrank oder Gefrorenes. Vorsicht ist auch bei allen chemisch behandelten Nahrungsmitteln und durch Schadstoffe belastetem selbst gesammeltem Futter geboten (→ Seite 53).

Das gepflegte Zwergkaninchen

Bei der Körperpflege benötigt das reinliche Kaninchen wenig menschliche Unterstützung. In seinem Käfig aber fühlt es sich nur wohl und bleibt gesund, wenn dieser regelmäßig gesäubert und die Einstreu erneuert wird.

Fellpflege

Das Kaninchen pflegt sein Fell regelmäßig und ausgiebig mit Hilfe der Zunge.

Während des Fellwechsels aber, der sich bei einem Wohnungskaninchen über mehrere Monate hinziehen kann, sollten Sie Ihren Zwerg regelmäßig bürsten, um die alten, abgestorbenen Haare zu entfernen. Das Bürsten wirkt zugleich wie eine Massage, die Haut wird besser durchblutet, und die neuen Haare können schneller nachwachsen. Manche Zwerge lassen sich gerne bürsten und genießen dies als zusätzliche Streicheleinheiten.

Zwerge mit normallangem Fell bürstet man am besten mit einer weichen Naturborstenbürste oder einem Pflegehandschuh mit Gumminoppen (→ Foto, Seite 62).

Die langhaarigen Angoramischlinge und Jamora, deren weiches Fell zum Verfilzen neigt, sollte man täglich mit einer Spezialbürste mit gekrümmten Metallborsten gründlich durchkämmen (→ Foto, Seite 62).

Ist bei diesen Kaninchen der Anteil an weicher Angorawolle jedoch besonders hoch, reicht das Kämmen alleine nicht mehr aus, und die Tiere müssen geschoren werden. Anders bei dem reinrassigen langhaarigen Zwergfuchs, dessen Fell grannenreicher ist und keine Schur benötigt.

Zahnkontrolle

Die Zähne des Kaninchens wachsen ständig nach, nutzen sich aber bei richtiger Ernährung auf natürliche Weise wieder ab. Anders verhält es sich, wenn das Tier eine angeborene Gebißfehlstellung hat (→ Zeichnung, Seite 71). In diesem Fall reiben die Zähne nicht richtig aufeinander und wachsen so lang, bis das Kaninchen keine Nahrung mehr aufnehmen kann. Damit es nicht verhungert, muß ein Tierarzt die Zähne immer wieder kürzen. Auch dem gesunden Zwerg sollten Sie regelmäßig die Zähne kontrollieren, damit eventuelle Schäden rechtzeitig behandelt werden können (→ Foto, Seite 62).

Mit der Zunge die Vorderpfoten befeuchten und dann gründlich das Gesicht waschen.

Einmal kräftig das Fell schütteln, schon ist es von Staub und anderem Schmutz befreit.

Die Pflege gelingt bestens, wenn sich das Widderchen auf die Hinterbeine setzt.

Krallen schneiden

Wildkaninchen haben kräftige Krallen an ihren Pfoten, die wie ihre Zähne ständig nachwachsen. Das Wildkaninchen setzt seine Vorderpfoten vor allem als Grabwerkzeuge ein, mit denen es meterlange Höhlensysteme ins Erdreich treibt und zusätzlich manch schmackhafte Wurzelknolle ausgraben kann. Dabei werden die Krallen abgenutzt. Das als Heimtier gehaltene Zwergkaninchen jedoch bewegt sich zumeist auf weicher Käfigeinstreu, Teppichboden und im Gartenauslauf auf Gras. Es hat keine Gelegenheit mehr, Höhlen zu graben und so wachsen seine Krallen eben schneller nach, als sie sich auf natürliche Weise abnutzen können. Schließlich biegen sich die zu stark ausgewachsenen Krallen sichelförmig nach innen, so daß die Zehen beim Auftreten verdreht werden und das Kaninchen nur noch unter Schmerzen laufen kann. Lassen Sie es keinesfalls so weit kommen!

Vorbeugend sollten Sie eine Tuffsteinplatte unter die Einstreu in der Kaninchentoilette legen. Hier kann das Tier seine Krallen auf natürliche Weise abnutzen (→ Hinweis, Seite 43).

Stellen Sie bei der Kontrolle fest, daß die Krallen beim Aufsetzen der Pfote über die natürliche Krümmung hinaus nach innen zeigen, müssen sie umgehend gekürzt werden. Lassen Sie sich anfangs die notwendigen Handgriffe von einem Fachmann zeigen (Tierarzt oder Züchter).

Krallen richtig schneiden:

■ Verwenden Sie dazu eine spezielle Krallenzange für Kleintiere, damit das Horn beim Abschneiden gut geführt

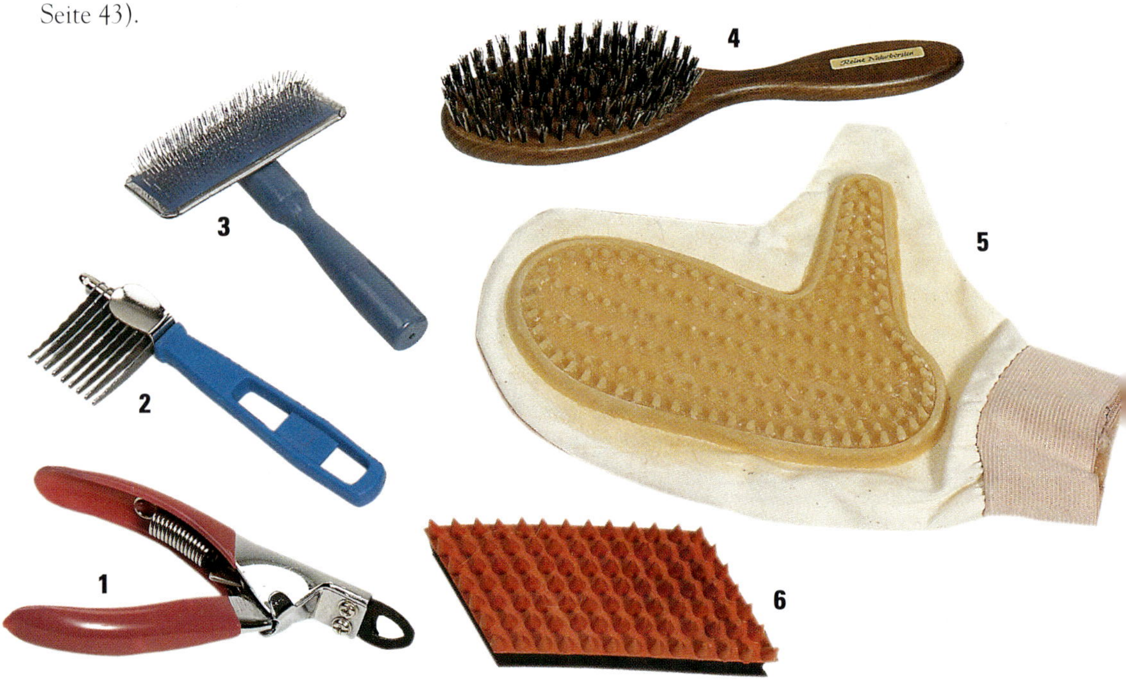

Alle Pflegeutensilien auf einen Blick:
Krallenzange (1), Trennmesser zum Auflösen von Knoten im Fell für langhaarige Kaninchen (2), Spezialbürste mit gekrümmten Metallzähnen für Langhaarzwerge (3), Bürste mit Naturborsten für Kurzhaarzwerge (4), Fellpflegehandschuh oder ein »Striegel« mit Gumminoppen für kurzhaarige Kaninchen (5 und 6).

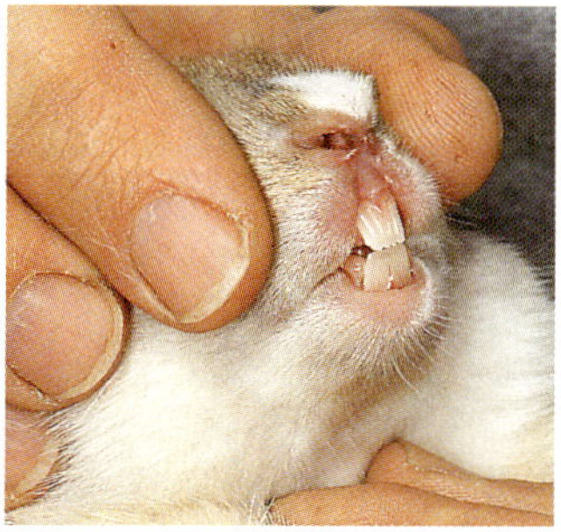

Dieses Kaninchen hat eine korrekte Zahnstellung (→ Seite 72).

Beim Krallenschneiden nicht die Blutgefäße verletzen.

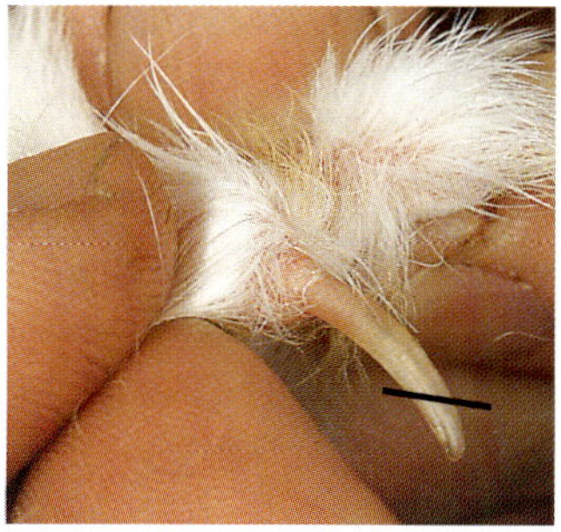

Die schwarze Linie zeigt die richtige Schnittführung.

wird und nicht splittert (→ Foto, Seite 62).

■ Setzen Sie das Kaninchen entweder auf Ihren Schoß oder auf einen Tisch mit rutschfester Unterlage. Handzahme Zwerge lassen sich die Krallen problemlos schneiden. Ist das Tier jedoch eher zappelig und scheu, müssen Sie zu zweit arbeiten, wobei einer das Kaninchen mit dem Nacken-Rückenfellgriff zur Seite legt und festhält, während die andere Person die Krallen kürzt.

■ Zum Schneiden die Pfote zwischen Zeigefinger und Daumen nehmen und mit sanftem Druck die Ballen auseinanderdrücken. Mit dem Daumen die Haare so beiseite schieben, daß die Krallen freiliegen.

Hinweis: Innerhalb der Krallen verlaufen Blutgefäße und Nervenenden (auch »Leben« genannt), die Sie nicht verletzen dürfen, sonst blutet die Kralle, und das Tier hat Schmerzen. Wenn es dennoch passiert ist, Kralle desinfizieren und die Wunde mit Pflasterspray schließen.

■ Schneiden Sie etwa 0,5 cm nach dem »Leben« die einzelne Kralle schräg nach unten ab (→ Foto links). Während bei einer farblosen Kralle der lebende Teil gut erkennbar rötlich durchschimmert, sieht man diesen bei der dunklen Kralle so gut wie nicht. Durch den Strahl einer Taschenlampe, die eine zweite Person unter die Kralle hält, wird das »Leben« gut sichtbar.

Geschlechtsecken

In den haarlosen Hauttaschen beidseitig der Geschlechtsöffnung sitzen die Leistendrüsen, deren Ausscheidungen einen unverwechselbaren streng süßlichen Geruch verströmen. Dies Sekret dient dem Kaninchen zum Erkennen von Artgenossen.

Wischen Sie die Hautfalten des Zwergkaninchens mit einem Wattepad und etwas Babyöl behutsam aus, damit Sekretablagerungen entfernt werden und die Hauttaschen nicht verkleben können.

Hinweis: Ein Zwergkaninchen niemals duschen oder baden!

Käfig und Zubehör reinigen

Das reinliche Kaninchen fühlt sich nur in einem gepflegten Zuhause wohl. Feuchte Einstreu oder schmutzige Tränken verursachen außerdem Erkrankungen.

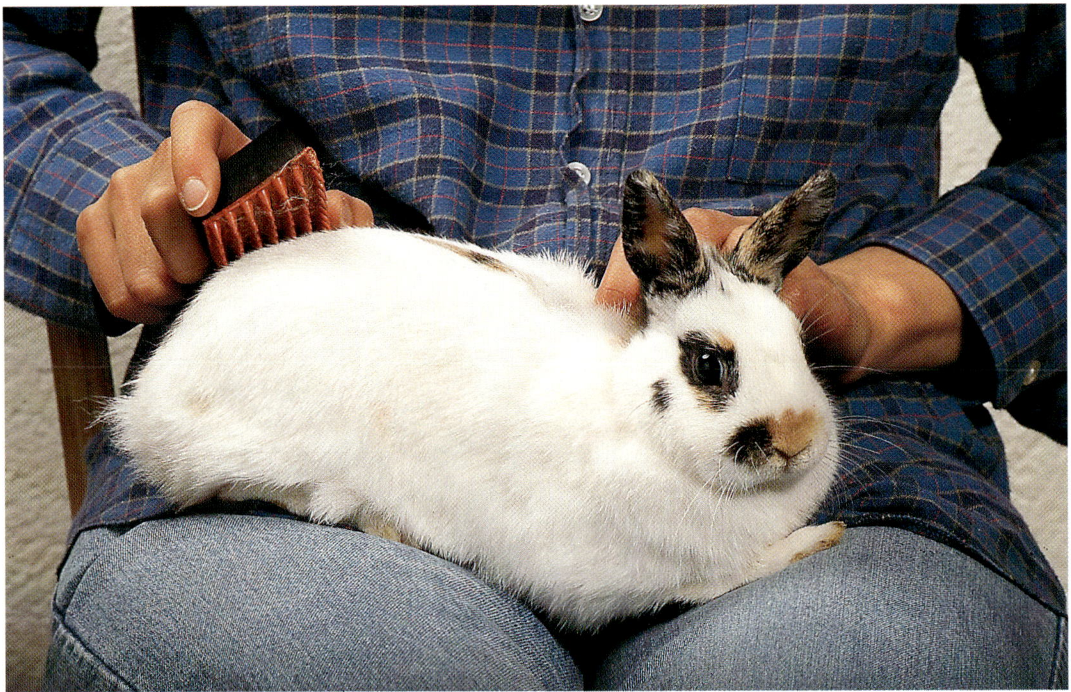

■ Die Futterschüssel täglich gründlich auswaschen und gut abtrocknen.

■ Nippeltränke täglich mit frischem zimmerwarmem Wasser auffüllen. Die Tränke mindestens zweimal wöchentlich mit einer Flaschenbürste ausschrubben, wenn möglich dabei auch den Nippelkopf zerlegen und säubern. So verhindert man, daß sich darin Algen bilden. Verstopfte Metallröhrchen von innen mit Wattestäbchen säubern.

■ Das plattgetretene Stroh im Käfig täglich mit der Hand etwas auflockern, damit die Kotbällchen nach unten fallen. Sobald die Einstreu den Urin nicht mehr ausreichend aufsaugt, die Einstreu feucht wird und zu stinken anfängt, muß sie komplett ausgewechselt werden. Meist ist dies ein- bis zweimal die Woche notwendig. Geht Ihr Zwerg allerdings regelmäßig auf seine Toilette, dann verlängern sich die Zeitabstände.

Viele Kaninchen genießen die Fellpflege auf dem Schoß »ihres« Menschen.

Darfst du dein Kaninchen baden?

Du solltest dein Kaninchen weder baden noch duschen. Beides gefällt dem Zwerg überhaupt nicht. Er würde zappelnd versuchen, dem Wasser zu entkommen. Dabei gerät das Kaninchen in Panik und kann dich kratzen oder sich verletzen. Kaninchen sind sehr reinliche Tiere, die ihr Fell jeden Tag gründlich mit der Zunge und den Vorderpfoten pflegen. Deshalb ist das Fell eines Kaninchens normalerweise immer sauber. Es kann aber vorkommen, daß das Fell am Hinterteil verklebt ist, wenn das Kaninchen Durchfall hatte oder feuchte Einstreu dort hängen geblieben ist. Wische dann das Fell am Hinterteil deines Zwergkaninchens vorsichtig mit einem Tuch und lauwamem Wasser sauber.

Hinweis: Der Kaninchendung kann zusammen mit der Einstreu aus Stroh, Holzspänen oder Strohgranulat in die Biotonne gegeben werden oder auf den Komposthaufen im Garten.
Kaninchenkot enthält vor allem Stickstoff, Kali, Phosphorsäure und Kalk, verrottet sehr schnell, ergibt einen vorzüglichen Dünger für den Garten und ist außerdem regenwurmfreundlich. Katzenstreu jedoch gehört nicht in die Biotonne oder auf den Komposthaufen, sondern in die Restmülltonne, da es nicht kompostierbar ist.

■ Wenn Sie die Einstreu komplett wechseln, die Bodenschale feucht auswischen oder, falls erforderlich, in der Badewanne oder Dusche heiß abbrausen und ausbürsten. Danach gut trockenwischen. Hat sich Urinstein am Boden abgelagert, kann man diesen mit Zitronensäure ablösen (in Apotheken erhältlich). 1 Eßlöffel Zitronensäure auf 1 Liter warmes Wasser geben. Soviel von der Lösung in die Bodenschale geben, daß sie gut bedeckt ist. Nach etwa einer Stunde den Harnstein abschrubben. Danach Bodenwasser gründlich unter fließendem Wasser abspülen.

■ Das Gitteroberteil etwa einmal im Monat mit heißem Wasser abbrausen und notfalls abbürsten.

Hinweis: Werden Käfig und Zubehör unter heißem Wasser gründlich abgebürstet, benötigt man keinen zusätzlichen Haushaltsreiniger.
Ich selbst verwende beim Reinigen der Käfigunterschale und des Kaninchenklos lediglich ein wenig biologisches Geschirrspülmittel.

Gesundheitsvorsorge und Krankheiten

Das Kaninchen ist von Natur aus recht widerstandsfähig. Bietet man ihm als Heimtier einen Käfig zum Wohlfühlen, genügend Bewegung, eine gesunde Ernährung, ausreichend Knabbermaterial und Abwechslung vom tristen Käfigleben, so ist dies die beste Vorbeugung gegen Krankheiten.

Erste Krankheitsanzeichen

Viele der beim Kaninchen auftretenden Gesundheitsstörungen werden durch Haltungsfehler verursacht: Feuchte Einstreu, verdorbenes Futter, nicht artgemäße Ernährungsweise und Unterbringung sowie Bewegungsmangel oder zuviel Streß schwächen das Immunsystem des Tieres und machen es anfällig für Krankheiten. Das kleine Kaninchen ist ein sehr stiller Patient, um so wichtiger ist es, daß Sie als Halter auf jede Veränderung des Tieres achten und einen Tierarztbesuch nicht zu lange hinauszögern.

Vergleichen Sie auch die Hinweise zur Gesundheitskontrolle beim Kauf, Seite 24.

Auffallende Veränderungen:

- Das Zwergkaninchen hoppelt nicht herbei, wenn Sie ihm Futter reichen. Es hat keinen gesunden Appetit und frißt nur wenig oder nichts.
- Teilnahmslos und apathisch hockt das Tier in seinem Käfig oder hat sich gänzlich in sein Häuschen zurückgezogen.
- Seine Augen haben ihren lebhaften Glanz verloren, wirken matt und trüb.
- Die Ohren richten sich nicht wie üblich nach der Geräuschquelle aus, sind nur halb aufgerichtet oder ganz zurück in den Nacken gelegt.
- Sein wunderschön glänzendes, glattes Fell wirkt stumpf, die Haare sind gesträubt.
- Bei starken Schmerzen ist der Blick starr und das Kaninchen knirscht deutlich hörbar mit den Zähnen (sogenanntes »Karwitzen«.) Gibt es in der Umgebung des Tieres jedoch laute Geräusche (Musik, Fernseher), kann man das Knirschen leicht überhören.

Was Sie selbst kontrollieren können

Die Körpertemperatur beträgt bei einem gesunden Kaninchen 38,5 °C bis 39,5 °C. Eine Körpertemperatur von 40 °C bedeutet also schon erhöhte Temperatur. Das Fiebermessen sollten Sie sich möglichst von einem Tierarzt zeigen lassen (→ Zeichnung 2, Seite 71).

Der Kot besteht im Normalfall

Schatten tut gut. Kaninchen sind nämlich sehr hitzeempfindlich und können leicht einen Hitzschlag bekommen.

aus gut geformten Kügelchen, von schwarzbrauner bis grünlichbrauner Farbe (Ausnahme der Blinddarmkot → Foto, Seite 72). Breiige dünnflüssige Fladen weisen auf Durchfall hin. Der Urin des Kaninchens kann in seiner Farbe von Weißlichgelb bis Braunrot schwanken. Infolge des hohen Gehalts an Mineralstoffen ist der Urin immer etwas trüb. Die Urinfarbe wird durch das Futter beeinflußt (z. B. wenn das Kaninchen viel Karotten oder Grünzeug frißt), wird aber vor allem durch die Duftstoffe, die das Kaninchen nach

Belieben zum Markieren beimengen kann verändert (→ Markieren, Seite 94).
Dazu möchte ich Ihnen eine kleine Begebenheit erzählen, die mich veranlaßt hat, auf eben diese Besonderheit des Kaninchens einzugehen. Ich fotografierte gerade in einer Tierarztpraxis, als eine Frau aufgeregt mit ihrem Kaninchen unter dem Arm ins Zimmer stürmte. »Herr Doktor, schauen Sie mal, meine Schnuppi verspritzt Blut!« Und als hätte das Kaninchen dies verstanden, hob es sein Hinterteil an, kaum daß es auf dem Behandlungstisch saß, und spritzte einen rötlichen Urinstrahl mitten in den Raum. Glücklicherweise traf dieser nicht meine Kamera, dafür aber den weißen Kittel des Tierarztes. Schließlich mußten wir alle herzhaft darüber lachen. Wir klärten die Frau dann darüber auf, was der Häsin fehlte. Die Kaninchendame hatte lediglich zuvor mit großem Appetit Karotten oder Grünzeug gefut-

Jagt ein fremder Hund dem Kaninchen hinterher, kann dies bei ihm zum Herztod führen.

tert und brünstig wie sie im Moment war, lediglich markiert (→ Seite 78).

Heilbehandlung bei leichten Gesundheitsstörungen

Die meisten »Unpäßlichkeiten« des Kaninchens sind ernährungsbedingt und können in vielen Fällen mit Hilfe von Medikamenten, die man häufig in der »Hausapotheke« verfügbar hat, behoben werden.

■ Leichter Durchfall

Der Kot ist weich und breiig, das Fell des Kaninchens um den After herum beschmutzt. Das Tier zeigt ansonsten keine weiteren Auffälligkeiten.

Was Sie tun können: Säubern Sie vorsorglich den Käfig mit heißem Wasser, entfernen Sie Futterreste und geben Sie frisches Stroh in den Käfig hinein. Kälte, Zugluft und Streß können ebenfalls auslösende Faktoren sein und müssen, falls vorhanden, umgehend abgestellt werden. Das Zwergkaninchen erhält zum Fressen nur gutes Heu und zum Trinken an Stelle von Wasser lauwarmen Kamillentee. Heilsam wirken auch Zweige von Eiche und Weide (heilende Gerbstoffe).

Bessert sich der Durchfall danach, sollten Sie trotzdem dem Tier nicht gleich wieder Grünfutter reichen, sondern ihm zumindest einige Tage lang nur Heu, Wasser und Trockenfutter (Pellets) anbieten. Ist der Durchfall nicht innerhalb von 2 Tagen zu beheben, müssen Sie mit dem Kaninchen zum Tierarzt.

Nehmen Sie für alle Fälle eine Kotprobe mit.

Alarmzeichen: Der Kot ist sehr dünnflüssig, riecht faulig und ist eventuell sogar mit Blut vermischt. Das Kaninchens hat einen stark aufgetriebenen Bauch, der Atem ist flach und bebend. Dann müssen Sie das Tier sofort zum Tierarzt oder in die nächstgelegene Tierklinik bringen. Es besteht akute Lebensgefahr!

■ Kotabsatzbeschwerden

Dies fällt leider erst auf, wenn das Kaninchen mit gekrümm-

Dieses Kaninchen duckt sich ängstlich auf den Boden (→ Angstschock, Seite 71).

tem Rücken im Käfig hockt und trotz Drängens keine oder nur wenige, meist harte kleine Kotkügelchen absetzt. Das Kaninchen hat auch keinen Appetit mehr. Beim Betasten des hinteren Bauches fühlt man, daß die Bauchdecke gespannt ist und manchmal den mit Kotbällchen angefüllten Dickdarm als deutlichen Strang.

Was Sie tun können: Kontrollieren Sie als erstes, ob vielleicht die Nippeltränke verstopft ist und ein Wassermangel vorliegt. Entfernen Sie alles Trockenfutter und lassen Sie das Kaninchen frei laufen, wenn es mag. Bewegung kann helfen. Bieten Sie dem Kaninchen die nächsten Tage nur leichtverdauliche Grünkost an z. B. Feldsalat, Löwenzahnblätter oder Fenchel.

Als Sofortmaßnahme dem Tier dreimal täglich 1 Teelöffel Lein- oder Paraffinöl (in der Apotheke erhältlich) eingeben und mit den Fingern sanft kreisend seinen Bauch massieren (→ Zeichnung, Seite 71). Dabei den Zwerg auf den Schoß nehmen und unter seinen Bauch greifen. Spätestens nach 24 Stunden muß sich eine deutliche Besserung eingestellt haben, sonst umge-

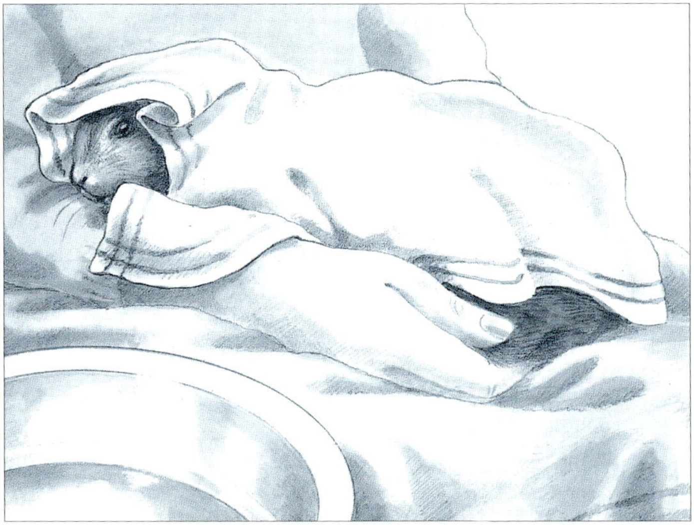

1 Bei einem Hitzschlag das Tier mit einem feuchten Tuch bedecken.

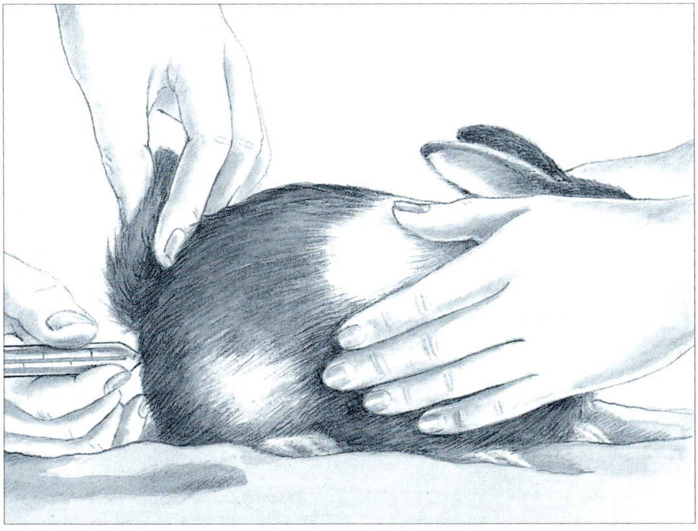

2 Das Fiebermessen sollten Sie sich vom Tierarzt zeigen lassen.

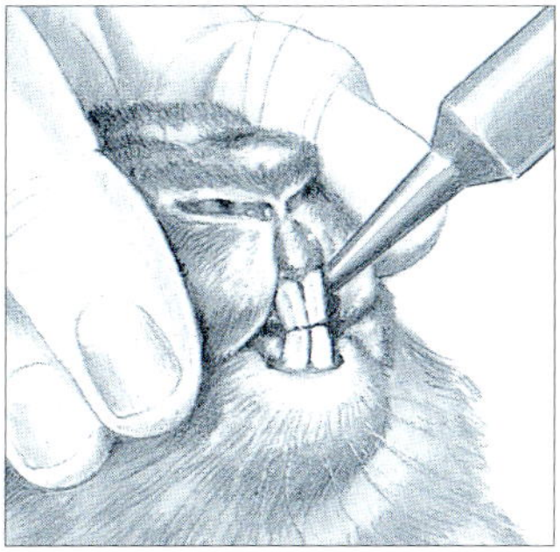

3 Flüssige Medizin eingeben.

4 Korrekte Gebißstellung.

5 Gebißfehlstellung (→ Seite 72).

hend den Tierarzt aufsuchen.
Alarmzeichen: Ist der Bauch des Kaninchens stark aufgetrieben und das Tier bei Berührung sehr schmerzempfindlich, gehen Sie sofort zum Tierarzt.

Erste Hilfe im Notfall

Es gibt Situationen, in denen nur schnelle Hilfe das Leben Ihres Kaninchens retten kann. Darauf sollten Sie vorbereitet sein.

Hitzschlag: Hat das hitzeempfindliche Kaninchen an heißen schwülen Sommertagen keinen kühlen luftigen Schattenplatz zur Verfügung, bekommt das Tier einen Hitzschlag. Dies kann auch beim Transport im heißen Innenraum eines Autos passieren. Das Kaninchen liegt dann teilnahmslos in der Ecke und atmet flach mit bebendem Körper. Die Nasenflügel sind weit aufgerissen und die Schleimhäute bläulich verfärbt.

Sofortmaßnahme: Das Tier umgehend in einen kühlen Raum bringen und mit feuchten (nicht eiskalten) Umschlägen Kopf und Körper bedecken, damit die Körpertemperatur absinkt (→ Zeichnung, Seite 70). Um den Kreislauf zu unterstützen, gibt man dem Tier 1 Teelöffel Bohnenkaffee ein. Bessert sich das Befinden des Zwerges, ihm Wasser anbieten und ihn an einem schattigen Platz frei laufen lassen.

Angstschock: Besonders gefährdet sind sehr scheue Kaninchen und solche, die durch eine neue Umgebung erst einmal verunsichert sind. Bei manchen Kaninchen genügt bereits das ungewohnte Geräusch eines Staubsaugers, andere erschrecken sich zu Tode, weil ein tieffliegender Düsenjäger über das Auslaufgehege im Garten »donnert«. Auch die Verfolgung durch einen Hund oder eine Katze kann bei dem Zwerg Panik auslösen und zum Angstschock führen.

Das Zwergkaninchen versucht instinktiv, in einen Unterschlupf zu fliehen, schreit laut, wenn es Todesangst hat oder drückt sich flach auf den Boden (→ Foto, Seite 69). Selbst wenn die direkte Gefahr vorüber ist, kann der Schock mit Verzögerung eintreten.

Das Kaninchen liegt dann reglos da, die Pupillen sind weit aufgerissen, die Augen scheinen aus dem Kopf zu quellen und der kleine Körper bebt.

<ins>Sofortmaßnahme:</ins> Nähern Sie sich dem Tier langsam und sprechen Sie es mit ruhiger Stimme an. Greifen Sie es schnell und sicher am Nacken (damit keine erneute Jagd beginnt) und setzen Sie das Kaninchen umgehend in eine abgedunkelte Transportbox. Jetzt sind Wärme (24 Grad Raumtemperatur) und absolute Ruhe wichtig.
Als Medizin gibt man in diesem akuten Notfall die Bachblütenmischung »Rescue Remedy«, auch Notfalltropfen genannt. Von der Essenz 2 Tropfen auf 1 Teelöffel Wasser träufeln und dem Tier alle 20 Minuten seitlich ins Maul einflößen. Zusätzlich das homöopathische Mittel »Arnika C 30«, allerdings nur einmalig 2 Tropfen auf 1 Teel. Wasser. Leichter geht es, wenn Sie die Medizin mit Hilfe einer Einwegspritze (ohne Kanüle) oder einer Pipette eingeben (alles in der Apotheke erhältlich).

Gebißfehlstellung

Bei der gesunden normalen Zahnstellung des Kaninchens greifen die Schneidezähne des Oberkiefers über die Zähne des Unterkiefers (→ Zeichnung 4, Seite 71). Beim Nagen und Kauen reiben sich so die stets nachwachsenden Zähne ab und schleifen sich von selbst. Bei einer genetisch (erblich) bedingten Gebißfehlstellung, der sogenannten Zahnanomalie, bedingt durch eine Verkürzung des Oberkiefers oder dem Zangenbiß ist dieser natürliche Abrieb nicht mehr möglich. Hierbei krümmen sich die Schneidezähne des Oberkiefers nach innen, die des Unterkiefers wachsen nach vorn aus der Maulhöhle (sogenannte »Ele-

Suchen Sie nach einem erfahrenen Kleintierspezialisten, wenn Ihr Tier krank ist.

Links der vitaminreiche Blinddarmkot, rechts normale Kotkügelchen.

TIP

Bei einem Jungtier – unter 8 Wochen – ist eine angeborene Gebißfehlstellung manchmal noch nicht erkennbar. Auch wenn der Oberkiefer anfangs normal gewachsen ist, kann er später im Wachstum zurückbleiben. Deshalb sollten Sie sorgfältig prüfen, bei wem Sie Ihr Zwergkaninchen kaufen.

Übergewichtige Zwerge wie dieser brauchen einen Fastentag (→ Seite 52).

fantenzähne« → Zeichnung 5 Seite 71). Ab einer bestimmten Länge ist eine Futteraufnahme nicht mehr möglich, und die Zähne müssen vom Tierarzt gekürzt werden. Diese Maßnahme sollte turnusmäßig im Abstand von 6 bis 8 Wochen erfolgen.

Es kann aber auch vorkommen, daß ein Kaninchen kein Futter mehr aufnimmt, weil die Backenzähne Probleme bereiten. Dies erkennt man daran, daß die Haare um die Mundspalte durch herausfließenden Speichel verklebt sind und das Tier »leer« kaut. Der Grund dafür sind Spitzen- und Hakenbildungen an den Backenzähnen, die dann in die Zungen- bzw. Backenschleimhaut eindringen und schwere Entzündungen hervorrufen können. Der Gang zum Tierarzt ist in diesem Fall unumgänglich.

Hinweis: Verantwortungsvolle Züchter nehmen Kaninchen mit solcher »Erbbelastung« sofort aus der Zucht.

Vorsicht Ansteckung

RHD (Rabbit hemorrhagic disease) ist eine sehr ansteckende Viruserkrankung, die sich von China ausgehend seuchenartig über ganz Europa verbreitet hat. Die Symptome dieser Krankheit sind: Apathie, deutliche Atembeschwerden, Anstieg der Körpertemperatur bis auf 41°C, Blutungen aus den Nasenöffnungen, rasches Verenden unter Erstickungskrämpfen. Wild- und Hauskaninchen werden gleichermaßen davon befallen, und bisher gibt es keinerlei Behandlungsmöglichkeiten gegen diese tödlich verlaufende Krankheit. Aus diesem Grund werden Zucht- und Ausstellungskaninchen innerhalb des ZDK (→ Adressen, Seite 125) schon seit Anfang der neunziger Jahre vorbeugend dagegen geimpft. Diese jährlich zu wiederholende Schutzimpfung ist auch für ein Zwergkaninchen in der Heimtierhaltung ratsam, da es hier ebenfalls zu Infektionen kommen kann.

Myxomatose ist eine weitere sehr gefährliche Kaninchenseuche. Sie wird durch blutsaugende Insekten übertragen. Sie beginnt mit eitriger Lidbindehautentzündung sowie

Schwellungen im Kopfbereich und um die Genitalien. Die Tiere sterben nach wenigen Tagen. Halten Sie Ihr Zwergkaninchen draußen auf dem Balkon oder im Garten, hat es in Ihrem Umkreis Myxomatosefälle bei Wild- oder Hauskaninchen gegeben (zu erfahren beim Veterinäramt), dann sollten Sie Ihr Zwergkaninchen umgehend dagegen impfen lassen.
Leider ist 1995 die Meldepflicht für diese Krankheit abgeschafft worden, so daß es heute nicht mehr einfach ist, etwas über eventuell aufgetretene Krankheitsfälle im Umkreis zu erfahren.

Zu welchem Tierarzt?

Im Krankheitsfall Ihres Kaninchens sollten Sie unbedingt nach einem Fachtierarzt für Kleintiere suchen und nicht in eine Großtierpraxis gehen.
Fragen Sie andere Kaninchenhalter, Zoofachhändler oder Züchter, ob sie Ihnen einen Kleintierspezialisten empfehlen können, der spezielle Erfahrung mit Kaninchen hat, vielleicht sogar selbst züchtet oder einen Kaninchenzuchtverein betreut.

Ab wann ist ein Kaninchen alt?

Ein Zwergkaninchen ist mit fünf Jahren schon ziemlich alt. Bei guter Pflege kann es dennoch zehn Jahre alt werden. Dann wird der Zwerg ruhiger. Er schlägt nicht mehr so hohe Haken wie sonst oder möchte lieber in seinem Käfig bleiben, auch wenn die Käfigtüre offen steht. Jetzt solltest du dein Zwergkaninchen besonders liebevoll behandeln. Auf wilde Spiele mit ihm verzichtest du besser. Vielleicht liegt dein Kaninchen eines Tages tot im Käfig. Wahrscheinlich ist es dann an einem Herzschlag gestorben. Solch ein Tod ist ganz natürlich. Deshalb brauchst du kein schlechtes Gewissen zu haben. Wichtig ist, daß du dein Kaninchen immer gut behandelt hast. Du darfst dein Zwergkaninchen auch im Garten begraben.

Stehen Sie selbst den Naturheilverfahren positiv gegenüber, finden Sie möglicherweise auch einen Tierarzt, der diese anwendet (eventuell auch einen Tierheilpraktiker).

In der Tierarztpraxis

Zum Tierarzt transportiert wird das Kaninchen am sichersten in einer Transportbox (→ Foto, Seite 38). Es ist schon häufig vorgekommen, daß Zwergkaninchen während

Dieser Zwerg ist putzmunter. Seine Ohren sind »auf Empfang« des kleinsten Geräusches gedreht.

der Fahrt oder im Wartezimmer in Panik gerieten und aus dem oben offenen Korb oder Karton gesprungen sind. Das gewaltsame Einfangen bedeutet für das Tier großen Streß und kann sogar zu einem Herztod führen.

Um den Tierarzt bei seiner Diagnose zu unterstützen, sollten Sie auf folgende Fragen vorbereitet sein:

- Alter und Geschlecht des Tieres.
- Woher stammt es und seit wann befindet es sich in Ihrem Besitz?
- Wann haben Sie zum ersten Mal ein verändertes Verhalten des Tieres bemerkt?
- Welche Symtome fielen dabei auf?
- Hat das Kaninchen gefressen und getrunken? Kann es etwas Schädliches aufgenommen haben?
- Wie sehen Kot und Urin aus? Eventuell Proben davon mit in die Praxis mitbringen.

Hinweis: Scheuen Sie sich nicht, dem Tierarzt Fragen zur Behandlung zu stellen. Lassen Sie sich wichtige Handgriffe zeigen.

Manchmal ist es ratsam, sich über die anstehenden Behandlungskosten zu unterhalten.

Gezielte Familienplanung

Junge Zwergkaninchen gehören zu den niedlichsten Tierkindern, die ich kenne. Wenn Sie sich gesunden und munteren Kaninchennachwuchs wünschen und später für jedes der Kleinen einen Pflegeplatz, wo es ihm gut geht, dann sollten Sie wohlüberlegt planen und alles gründlich vorbereiten.

Überraschender Nachwuchs

Vielleicht hat Ihr Kind beim Besuch der Schulfreundin und deren Kaninchen »zufällig« eine Kaninchenhochzeit arrangiert oder die beiden Häsinnen aus dem Zoofachgeschäft haben sich im Nachhinein als Pärchen herausgestellt und ihren Halter morgens mit Kleinen im Nest überrascht. In solchen Fällen kann man nur das Beste aus der Situation machen, die Tiere gut betreuen und das Heranwachsen der Kleinen freudig miterleben.

Richtig planen

Wenn Sie den Nachwuchs gezielt planen, beachten Sie bitte folgendes:

- Die Elterntiere sollten gesund sein und keinerlei körperliche Fehlbildung haben.
- Das ideale Zuchtalter liegt bei 8 Monaten bis 4 Jahre. Die Geschlechtsreife tritt zwar schon mit 3 bis 4 Monaten ein, aber zu früh belegte Häsinnen können körperliche Schäden davontragen.
- Achten Sie bei der Verpaarung darauf, daß beide Elterntiere entweder reinrassig oder zumindest kleingebliebene Zwergmischlinge sind. Dann haben Sie die Gewähr dafür, daß auch der Nachwuchs klein bleibt. Für solche Kaninchen finden man später leichter einen Pflegeplatz.
- Der Zimmerkäfig sollte eine Grundfläche von etwa 1m x 60 cm haben, damit er Platz für den Nachwuchs und das Wurfhäuschen bietet (→ Foto, Seite 82).
- Mitbewohner, wie andere Kaninchen oder Meerschweinchen werden vorsorglich die nächsten 3 bis 4 Monate in einen separaten Zimmerkäfig umquartiert. Die trächtige Häsin braucht Ruhe, sonst kann es passieren, daß sie die Jungen »verwirft«, das heißt, nicht ins Nest legt, sondern im Käfig verteilt.
- Wer gezielt reinrassige Zwergkaninchen nach Standardvorschriften züchten und später auch mit seinen Kan-

Dicht aneinander gekuschelt liegen die erst vier Tage alten Kleinen im warmen Nest.

ninchen auf Ausstellungen gehen möchte, muß Mitglied in einem Kaninchenzüchterverein werden. Nur eingetragene Vereinsmitglieder dürfen an den Ausstellungen teilnehmen, die Tiere erhalten die notwendigen Ohrtätowierungen und Sie – als Anfänger – bekommen Beratung durch erfahrene Züchter.

Die paarungswillige Häsin

Die Bereitschaft der Häsin zum Deckakt nennt man Brunst oder Hitze. Diese wird durch Hormone ausgelöst und läuft beim Wildkaninchen periodisch ab, allerdings in unregelmäßigen Zeitabständen (beeinflußbar durch kalte Witterung). Ein Wohnungskaninchen ist fast das ganze Jahr über paarungsbereit.

Eine brünstige Häsin erkennt man daran, daß sie beim Kraulen am Hinterteil sogleich das Becken anhebt. Ihre Schamlippen sind leicht gerötet und geschwollen. Das Tier scharrt unruhig in der Einstreu und manche sammeln im Maul Stroh und Heu. Auch das Aufreiten bei Artgenossen und gesteigertes Aggressionsverhalten sind Brunstanzeichen (→ Seite 114).

Die Kaninchenhochzeit

Am natürlichsten laufen Paarungsritual und Deckakt außerhalb des Käfigs ab (z. B. im Freigehege oder im Wohnraum). Stets bringt man die Häsin zum Rammler, nie umgekehrt. Im Revier der Häsin könnte es sonst passieren, daß das Weibchen den männlichen Eindringling angreift und verletzt. Ob die Bemühungen des Männchens unmittelbar zum Erfolg führen oder es länger um sein Weibchen werben muß, hängt allein von ihrer Paarungswilligkeit ab. Folgendes Verhalten können Sie beobachten:

Geruchskontrolle und Markieren: Der Rammler beschnüffelt die Analgegend der Häsin, um ihre erregenden Duftstoffe aufzunehmen

Die Werbung um das Weibchen war erfolgreich. Der Rammler deckt die Häsin.

Was sind Nesthocker?

Wenn ein Kaninchen zur Welt kommt, kann es weder sehen noch hören und ist fast völlig nackt. Es braucht viel Wärme und ist zunächst noch nicht in der Lage, das Nest zu verlassen. Es bleibt in den ersten zwei Wochen im Bau oder im Wurfhäuschen. Jungtiere, die sich so verhalten, nennt man Nesthocker. Junge Hasen dagegen sind Nestflüchter. So heißen alle Jungtiere, die mit offenen Augen zur Welt kommen, hören können und bereits ein Fell haben. Hasen bringen ihre Jungen nicht in einem geschützten Bau zur Welt, sondern in flachen Erdmulden. Schon wenige Stunden nach ihrer Geburt können die kleinen Feldhasen laufen.

und zu kontrollieren, ob und wie stark sie brünstig ist. Durch Reiben der Kinndrüsen markiert er an verschiedenen Stellen das umliegende Revier und auch das Weibchen. Außerdem bespritzt er die »Dame seines Herzens« mit einem gezielten Harnstrahl, dem seine Duftstoffe beigemischt sind.

Nachlaufen: Vor allem in der Anfangsphase ihrer Brunst läßt die Häsin den Rammler näherkommen, damit er sie hinten beschnüffeln kann. Will er aber dann »zudringlich« werden, hoppelt sie geschwind davon. Dabei bleibt das Weibchen immer in Reich- und Sichtweite des Männchens. Nähert sich ihr das Männchen wieder, dann springt sie abermals davon. Akzeptiert die Häsin den Rammler überhaupt nicht, kann es vorkommen, daß sie ihn verfolgt und davonjagt.

Liebkosen: Wenn die Häsin den Rammler mag, aber noch nicht zum Deckakt bereit ist, legen die beiden die Köpfe aneinander, wobei die Häsin sich auf den Boden drückt und er ihren Kopf beleckt. Dann wieder liegen sie dicht beieinander geschmiegt. Stupst einer, meist die Häsin, ihren Auserwählten mit der Schnauze sanft an, dann heißt dies in unsere Sprache übersetzt: »Mehr liebkosen, bitte.«

Umkreisen und »Blume weisen«: Steifbeinig, mit durchgestreckten Hinterbeinen, stolziert das Männchen imponierend um sein Weibchen herum. Dabei klappt der Rammler seine Blume (Schwanz) hoch auf den Rücken. Man nennt dieses Verhalten deshalb auch »Blume weisen«.

Der Deckakt: Die hochbrünstige Häsin drückt sich flach

auf den Boden und hebt ihre hintere Beckenpartie an. Dies erleichtert dem Rammler das Eindringen. Mit den schnell aufeinanderfolgenden Begattungsbewegungen kommt es zur Ejakulation (→ Foto, Seite 78).

Nach erfolgreichem Deckakt gleitet das Männchen meist mit einem kurzen Knurrlaut seitlich von der Häsin und bleibt einige Sekunden erschöpft liegen. Eine erneute Belegung der Häsin ist nicht nötig. Nach etwa 10 bis 12 Stunden wird der Eisprung ausgelöst, und die Eier werden durch die im Eileiter wartenden Spermien befruchtet.

Die trächtige Häsin

Vom Tag der Befruchtung bis zur Geburt trägt die Häsin durchschnittlich 31 Tage (28 bis 33 sind möglich). Während dieser Zeit verhält sich »die werdende Mutter« aggressiver gegenüber Artgenossen. Dies ist vollkommen normal, da jetzt ihr Beschützerinstinkt stark ausgeprägt ist.

Seien Sie deshalb nachsichtig, wenn die Häsin sich jetzt auch Ihnen gegenüber auffällig nervöser und »kratziger« gibt (→ Haltungsprobleme, Seite 114).

Der Zimmerkäfig der Häsin darf während der Tragzeit nicht umgestellt oder gar gewechselt werden. Sorgen Sie für Ruhe, vermeiden Sie unnötiges Hochnehmen und Herumtragen. Kontrollieren Sie vorsorglich die Krallen des Tieres. Sind sie zu lang, müssen sie geschnitten werden, um einer späteren Verletzungsgefahr der Jungen vorzubeugen (→ Seite 61).

Eine Woche vor der Geburt säubert man gründlich den Stall und gibt reichlich frisches Stroh und das Wurfhäuschen hinein. Das trächtige Weibchen nimmt dies zumeist dankbar an, sammelt sogleich eifrig Stroh im Maul und trägt es in seine »Wurfhöhle«.

Einige Tage vor dem Werfen, manchmal sogar erst am Tag der Geburt, rupft sich die Häsin ihre locker gewordene Bauchwolle aus und polstert damit das Nest aus. So liegen später die Jungen auf einer wärmenden Unterlage.

Hinweis: Die letzten Tage vor dem Wurftermin sollten Sie Ihre Häsin nur noch kurz frei laufen lassen. Setzt plötzlich die Geburt ein, kann es passieren, daß die Häsin die Jungen nicht ins Nest legt, sondern in der Wohnung verstreut.

Eine Zwergwidderhäsin mit ihren fünf Wochen alten, niedlichen Jungen.

Die Geburt

Das Zwergkaninchen bringt seine Jungen meist so schnell und leise auf die Welt, daß man es gar nicht bemerkt. Unmittelbar nach der Geburt leckt die Häsin die hilflosen Kleinen sauber, durchtrennt die Nabelschnur und frißt die Nachgeburt, damit das Nest sauber bleibt. Kurz darauf trinken die Jungen zum ersten Mal an den Zitzen der Mutter.

Hinweis: Besonders bei »Erstgebärenden« kommt es gelegentlich vor, daß sie während der schmerzhaften Preßwehen im Stall herumlaufen und dabei die Jungen irgendwo ablegen. Damit die Kleinen nicht auskühlen, gibt man sie umgehend zurück ins warme

Dieses Wurfhäuschen mit Boden und abnehmbarem Dach ist 35 cm lang, 25 cm tief und 23 cm hoch. Einschlupfloch: 12 cm Durchmesser.

Nest. Kaninchenmütter tragen ihre Kinder nicht selber zurück, wie es Katzen- und Hundemütter tun.

Notwendige Nestkontrolle

Einige Stunden nach der Geburt lenkt man die Häsin mit einem Leckerbissen ab oder läßt sie frei laufen, um einen ersten ungestörten Check up der Jungen vornehmen zu können. Dazu den Deckel des Wurfhäuschens öffnen, behutsam Heu und Wolle beiseite schieben und überprüfen, ob alle Jungen gesund und unverletzt im Nest liegen. Eventuelle Nachgeburtsreste und tote Kaninchen sofort entfernen.

Auch in den nächsten Tagen immer wieder nachschauen, ob die Kleinen gut gesäugt werden und mit runden, prallen Bäuchlein im Nest liegen.

Hinweis: Bei den Rassezwergen gibt es immer mal wieder sogenannte »Kümmerlinge« in den Würfen. Solche Tiere

Wird die Aufzuchtflasche verweigert, muß mit Hilfe einer Pipette oder Einwegspritze (ohne Kanüle) gefüttert werden.

schauen »alt« und faltig aus, fühlen sich kühler an als die gesunden und sind leider selten zu retten.

Wenn Muttermilch fehlt

Es kann passieren, daß die Häsin stirbt oder zu wenig bzw. keine Milch hat. Hat man keine Amme verfügbar, kann man versuchen, die Kleinen per Flasche großzuziehen.

■ Besorgen Sie sich lactosereduzierte Aufzuchtmilch für Katzen und ein Aufzuchtfläschchen (Zoofachhandel).

■ Die Kleinen täglich etwa viermal füttern.

■ Dazu jedes Junge einzeln in die Hand nehmen und in leichter Rückenlage halten. Milch vorsichtig dosieren, damit sich das Kleine nicht verschluckt oder Flüssigkeit in die Luftröhre gelangt. Statt eines Lochs im Sauger hat sich ein Schlitz quer zur Mundrichtung bewährt. Ersatzmilch handwarm reichen!

■ Nach jedem Füttern mit den Fingern sanft das Bäuchlein Richtung After massieren, um die Verdauung anzuregen. Kot und Urin mit einem Papiertuch abwischen.

■ Eine Wärmflasche mit bis zu 30 Grad warmem Wasser ins Wurfhäuschen legen.

■ Ab der 3. Woche Haferschleim und Karottensaft zur Milch fügen und Aufzuchtfutter im Napf anbieten.

Gerade 14 Tage alt ist diese »Handvoll« Zwergkaninchen. Sieht es nicht lieb aus?

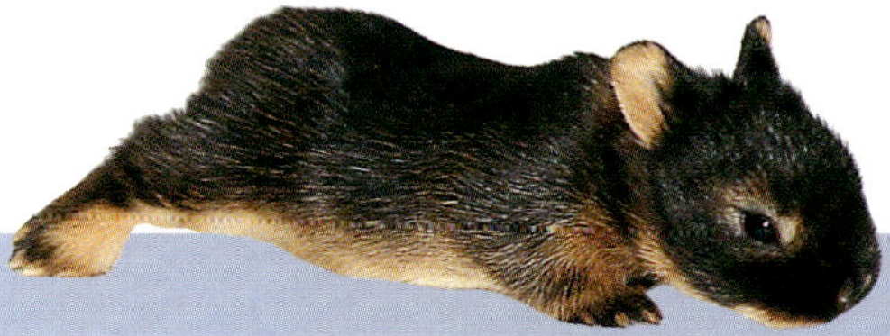

Die Entwicklung der Jungen

Neugeborene Kaninchen kommen als typische Nesthocker auf die Welt. Sie sind nackt, blind und taub. Neugeborene Zwergkaninchen wiegen um die 25 Gramm. Sie brauchen anfangs viel Wärme. Dicht aneinander gekuschelt liegen sie in ihrem Nest aus Wolle und Stroh. Hier herrscht immer eine Temperatur von um die 35 Grad. Geduldig und still warten die Keinen, bis endlich ihre Mutter kommt. Dies geschieht ein-, höchstens zweimal am Tag. Eifrig streben die Jungen zu

5. bis 8. Lebenstag

Am 5. Tag nach der Geburt haben sich auf der anfänglich noch nackten Haut ganz kurze, dicht anliegende Haare gebildet. Sie fühlen sich wie Samt an. Nun erkennt man auch schon recht deutlich die spätere Fellfärbung.

Nach einer Woche wiegen die kleinen Kaninchen doppelt soviel wie bei der Geburt und dies, obwohl sie nur ein-, höchstens zweimal innerhalb von 24 Stunden gefüttert werden. Kaninchenmilch ist konzentrierte Kraftnahrung. Sie enthält viermal soviel Eiweiß wie Kuhmilch, ist fünfmal so fett und enthält auch fünfmal soviel Kalzium.

9. bis 11. Lebenstag

Die Kaninchen öffnen Augen und Ohren, können sehen und hören. Die vorher geschlossenen, nach hinten gelegten Öhrchen werden nun aufrecht getragen und erstes Ohrspiel ist zu beobachten (→ Seite 96). Hat das Zwergkaninchen seine Augen bis zum 11. Tag nicht geöffnet, sollten Sie dies keinesfalls gewaltsam tun.

Der Tierarzt kann Ihnen hierfür eine Augensalbe verschreiben.

Mit 2 Wochen

Zwei Wochen alte Kaninchen haben ein dichtes flauschiges Babyfell, und die mutigsten unter den Kleinen krabbeln das erste Mal ganz vorsichtig aus dem Wurfhäuschen. Andere warten damit, bis sie drei Wochen alt sind. Klopft die Mutter warnend mit den Hinterläufen auf den Boden, huschen sie flugs zurück ins sichere warme Nest.

Nun kann man erste zaghafte Putzversuche bei den Kleinen beobachten, wobei sie noch etwas Probleme mit dem Gleichgewicht haben.

Nun sind alle seine Sinnesorgane voll entwickelt.

Mit drei Wochen können die Zwerge bereits Männchen machen.

Mit zwei Wochen robbt das Kleine noch etwas hilflos am Boden herum.

den Zitzen der Mutter und saugen. Dabei bleibt die Häsin in Hockstellung, während die Kleinen auf dem Rücken unter ihrem Bauch liegen. Nach jedem Füttern leckt die Häsin den Jungen den Bauch, regt dadurch die Darmtätigkeit an und frißt die Ausscheidungen der Kleinen, damit das Nest sauber bleibt. Vor allem die Kolostralmilch, die gleich nach der Geburt aus den Zitzen der Mutter fließt, ist sehr eiweißreich und enthält wichtige Schutzstoffe.

Mit 3 Wochen

Mit drei Wochen werden die Ausflüge mutiger, die Körperbeherrschung wird besser.
Nun klappt es auch mit dem Männchen machen ohne umzufallen. Neugierig knabbern die Kleinen an den Heuhalmen.

Mit 4 bis 5 Wochen

4 bis 5 Wochen alten Kaninchen bietet man spezielles Aufzuchtfutter an (im Zoofachhandel erhältlich).
Ebenfalls geeignet: Haferflocken und sehr wenig erstes zartes Grün, vor allem aber gutes Heu. Die Milchleistung der Mutter nimmt ab der 4. Woche langsam ab.
Nun ist es wichtig, die Kleinen täglich frei laufen zu lassen, damit sich Herz, Lunge und Muskeln kräftigen können. Es macht viel Spaß, zu beobachten, wie sie wild umherjagen, in der Luft Haken schlagen und keine Probleme mit dem Hochspringen aufs Sofa haben. Locken Sie die Kleinen immer mal zwischendurch mit Leckerbissen (Petersilie) und streicheln Sie ihnen sanft über das Fell. Sprechen Sie mit ruhiger Stimme zu den jungen Kaninchen. So gewöhnen sich die Zwerge an den Menschen und werden von Anfang an zutraulich. Nicht vergessen, die Kleinen immer mal wieder in die Toilettenschale zu setzen (→ Seite 42).

Ab 6 Wochen

Ab der 6. Lebenswoche stellen sich Magen- und Darmtrakt der Jungen völlig auf feste Nahrung um, trotzdem trinken sie noch ab und zu bei der Häsin.
Mit 7 bis 8 Wochen sind die Kleinen je nach Entwicklungsstand groß genug, um abgegeben zu werden. Nun können sie vollkommen selbständig fressen.
Hinweis: Wenn Sie die jungen Kaninchen selbst behalten möchten, können Sie sie – sofern die Mutter noch säugt – bis zur 11. Woche im gleichen Zimmerkäfig halten. Danach Rammler von Mutter und Geschwistern trennen. Häsinnen können von nun an durchaus mit der Mutter zusammenleben, sofern sie nicht wieder gedeckt wird.

Verstehen lernen und beschäftigen

Das Zwergkaninchen wird wie kaum ein anderes Heimtier mißverstanden und zu einem langweiligen, stets sanften »Schmusehäschen« degradiert. Dabei zeigt gerade das Kaninchen noch viel ursprüngliches Verhalten.

Kinder lieben »ihr« Zwergkaninchen über alles. Doch Eltern müssen ihr Kind zum richtigen Umgang mit dem Tier anleiten.

Was ein Kaninchen alles kann

Obwohl jedes Zwergkaninchen seine ganz inviduelle Persönlichkeit entwickelt, besitzt es doch angeborene Verhaltensweisen, die alle Kaninchen gemeinsam haben. Sein natürliches Verhalten kann das Kaninchen am besten ausleben, wenn es täglich Auslauf bekommt und mit Artgenossen zusammenlebt.

Überleben durch Flucht

Stete Wachsamkeit und bei drohender Gefahr blitzschnelle Flucht in sichere Deckung ist die Überlebensstrategie des Wildkaninchens. Seine Feinde lauern überall: in der Luft die großen Greifvögel, am Boden Marder, Fuchs und, wenn auch selten geworden, Wolf und Luchs. Außerdem stellen ihnen wildernde Hunde oder Hauskatzen nach. Doch ihr schlimmster Feind ist der Mensch, der mit Gewehr, Frettchen oder tödlichen Viren ganze Kolonien auslöscht, weil er die Kaninchen als Schädlinge betrachtet. Lediglich aufgrund ihrer enormen Anpassungsfähig-

Aufmerksam sichern und sofort zur Flucht bereit sein, wenn ein Feind ausgemacht wird.

Kaninchen beriechen sich ausgiebig, um festzustellen, ob ein Artgenosse zur Familie gehört.

keit, imponierenden Fruchtbarkeit, Flinkheit und Scheu schafften es die Wildkaninchen, bis heute zu überleben.
Auch das zahmste Zwergkaninchen trägt noch immer mehr oder weniger stark das Erbe seiner Wildkaninchen-Vorfahren in sich.
Erst, wenn Sie die natürlichen Verhaltensweisen des Kaninchens kennen und im Umgang mit ihm berücksichtigen, wird sich das Tier bei Ihnen sicher und geborgen fühlen. Hat man jedoch ein Tier mit einer ererbten oder aufzuchtsbedingten Wildscheue erworben, muß man akzeptieren, daß der Zwerg nie völlig zutraulich wird. (→ Eingewöhnen und Zahmwerden, Seite 98).

Die Lautsprache

Damit sie in der Natur überleben können, müssen Wildkaninchen sich still und unauffällig verhalten, um keine Feinde herbeizulocken. So äußern auch die Hauskaninchen nur wenig Laute und wenn, dann hauptsächlich in Konfliktsituationen oder beim Sexualverhalten.
Fiepen: Ein ängstlicher Klagelaut, den nestjunge Kaninchen von sich geben, wenn man sie beispielsweise zur ersten Kontrolle aus dem warmen Nest herausholt. Auch ein außerhalb des Wurfhäuschens abgelegtes Junges kann ängstlich fiepen.
Murksen: Kurze, schnell hintereinander folgende Schimpflaute. So »meckert« ein Kaninchen, z. B. wenn es gefangen und in den Käfig zurückgesetzt wird.
Brummlaute: Sie werden meist vom Rammler kurz nach dem Deckakt ausgestoßen. Einige Männchen brummeln und murksen auch, während sie ein Weibchen umwerben.
Fauch- und Knurrlaut: Stets Abwehr- und Aggressionsanzeichen, dem ein blitzschneller Angriff folgen kann. Er ist leise und nicht sehr deutlich vernehmbar.

Kreischen: Wird nur bei »Todesangst« ausgestoßen, wenn z. B. ein Raubtier das Kaninchen ergreift, es sehr schmerzhaft verletzt wird, oder durch einen Herzinfarkt stirbt. Besonders scheue jüngere Kaninchen können beim plötzlichen Ergreifen laut quietschen.
Starkes Zähneknirschen: Es geht meist mit einem matten, trüben Blick und allgemeiner Apathie des Tieres einher. Immer ein Zeichen von großen Schmerzen.
Leise mahlende Geräusche: Beim Kraulen und Liebkosen mahlt das Kaninchen mit den Kiefern. Stets ein Ausdruck von Wohlbehagen, aber von Tier zu Tier unterschiedlich stark ausgeprägt.
Trommelgeräusche: Sie entstehen durch heftiges Klopfen beider Hinterläufe auf den Boden (Einzel- oder Doppelschläge). Immer ein Zeichen von höchster Erregung und Unmut. Wildkaninchen trommeln, um Artgenossen vor Feinden zu warnen.

Körpersprache und Verhaltensweisen

Männchenmachen: Hört oder sieht das Kaninchen etwas, das seine Aufmerksamkeit erregt, dann richtet es sich auf und »sichert«, wie es in der Fachsprache heißt. Das Kaninchen verschafft sich so einen guten Rundumblick, kann Duftstoffe aufnehmen und besser hören. Das Tier richtet sich aber auch auf, um an Futter zu gelangen.
Sich wälzen: Ein Zeichen von äußerstem Wohlbehagen.
Scharren und Kratzen: Dieses Verhalten hat unterschiedliche Bedeutungen. Es kann sich um angeborene Grabbewegungen handeln, denn Kaninchen graben Baue. Geschlechtsreife Rammler, brünstige und trächtige Häsinnen scharren unruhig im Stroh.
Erregte Männchen kratzen den Boden auf, wenn sich ein

Begegung zweier Kaninchen, die sich nicht kennen. Zunächst vorsichtiges Annähern.

TIP

Wer die »Kaninchensprache« erlernen will, muß die Laut- und Körpersprache des Tieres richtig deuten können. Wenn Sie diese »Sprache« beherrschen, können Sie Fehler im Umgang mit dem Zwerg vermeiden und ein harmonisches Zusammenleben mit dem Tier erreichen .

Das grau-weiße Kaninchen rechts unterwirft sich der dominanten Siam-Häsin.

Rivale in der Nähe befindet, dazu reicht häufig schon der fremde Geruch.

Dominante Kaninchen scharren Gerüche von Vorgängern auf oder zu, um eigene Duftstoffe daraufzusetzen. Scharrt Ihr Zwerg mit den Vorderpfoten, nachdem Sie ihn gestreichelt haben, kann dies auch den Wunsch nach mehr Zuwendung bedeuten.

Anstupsen mit der Schnauze: So begrüßen sich Kaninchen. Stupst der Zwerg Sie leicht mit der Schnauze an, heißt dies: »Hallo, hier bin ich, streichle mich.«

Wegstupsen Ihrer Hand: Das Kaninchen will damit sagen, es möchte seine Ruhe haben. Leisten Sie dieser Aufforderung keine Folge, werden Sie womöglich gebissen.

Lecken mit der Zunge: Man nennt dieses Verhalten auch Sozialpflege. Tiere, die sich mögen, kuscheln sich eng aneinander, stecken die Köpfe zusammen, und eines putzt dem anderen das Gesicht. Leckt das Zwergkaninchen Ihre Hand, mag es Sie und drückt Ihnen so seine Zuneigung aus. Beim Streicheln kann es passieren, daß ein Kaninchen auch mal ihren Ärmel oder das Sofakissen ableckt, weil der Drang zur Kontaktpflege so stark ist.

Kurzes Kopfschütteln: Konnte ich vor allem bei meinen Angora- und Jamorakaninchen beobachten, wenn ich sie zulange festhielt, die Wolle

Foto unten: Die Siamhäsin (im Hintergrund) vertreibt die unliebsame Rivalin aus ihrem Revier.

ausgebürstet oder sie geschoren habe. Kann ein Reiz sein oder eine Unmutsäußerung, etwa: »Nun hab ich genug davon.«

Sich ducken: Dabei drückt sich der Zwerg flach auf den Boden, die Ohren sind angelegt, auch der Kopf ist nach unten gedrückt . So unterwirft sich ein Kaninchen dem anderen. Auch gegenüber dem Menschen zeigt ein unterwürfiges Tier dieses Verhalten. Verhält sich ein Kaninchen unmittelbar bei plötzlicher Gefahr oder unvermutetem, sehr lautem Geräusch so, sind dabei die Augen des Tieres weit aufgerissen, atmet es heftig und der Körper wirkt wie erstarrt, dann versucht das Tier sich zu tarnen, indem es sich totstellt (→ Foto, Seite 69). Vorsicht bei Annäherung. Das Kaninchen kann panikartig aufspringen und versuchen, in Deckung zu flüchten. Bleiben Sie ruhig stehen, reden Sie leise auf das Tier ein und treten Sie dann erst behutsam näher.

Über die Haut spüren Kaninchen Berührungsreize. Enges Aneinanderkuscheln empfinden sie als angenehm.

Sind Kaninchen Angsthasen?

Kaninchen haben in der Natur viele Feinde wie Greifvögel, Marder oder Fuchs. In einem Kampf würde das kleine Kaninchen seinen Feinden unterliegen. Deshalb kann es nur durch Flucht sein Leben retten. Ängstlich ist ein Kaninchen jedoch nicht. Kaninchenmütter verteidigen ihre Jungen sehr mutig. Auch mein Mohrle ist kein Angsthase. Eines Tages besuchte mich meine Freundin mit ihrem riesigen Hund Bernie. Der neugierige Bernie wollte Mohrle beschnuppern, und da biß ihn Mohrle in die Schnauze. Bernie jaulte auf und rannte zu Frauchen, um sich trösten zu lassen. Mohrle hatte Glück, daß Bernie so ein gutmütiger Hund war.

Entspanntes Hocken: Die Ohren sind dabei angelegt. Dies ist die Ruhestellung. Sie sollten das Tier jetzt nicht stören.

Seitenlage: Der Kopf liegt auf dem Boden, die Beine sind weggestreckt, die Augen beginnen sich zu schließen. Das Kaninchen will schlafen.

Vorderkörper vorgestreckt, Hinterteil angehoben, Ohren nach vorne gestellt, Schwänzchen angelegt: Neugierige Annäherung. Schwänzchen dabei weggestreckt: Der Zwerg ist noch immer neugierig, aber unsicher und fluchtbereit.

Vorsicht, wenn dazu die Ohren nach hinten angelegt werden und ein warnender Knurr- oder Fauchton ertönt (der Warnlaut muß nicht immer dazu erfolgen). Das Tier kann blitzschnell vorstoßen, Sie kratzen oder beißen. Solch ein Angriff erfolgt aus Notwehr und ist die Folge von falschem Umgang mit dem Tier.

Fressen von Blinddarmkot: Im Blindarm des Kaninchens werden durch spezielle Bakterien lebensnotwendige Vitamine (vor allemVitamin B 12) und Roheiweiß gebildet, der als Weichkot ausgeschieden wird (→ Foto, Seite 72). Das Kaninchen nimmt diese Vitaminpillen meist gleich vom After her auf und schluckt sie unzerkaut. Ausgeschiedener Vitaminkot ist auch in der Einstreu zu finden.

Duftende Visitenkarten

Kaninchen besitzen drei Duftdrüsen, mit deren Hilfe sie markieren und sich untereinander verständigen.

Die sogenannten Kinndrüsen sitzen unter der Zunge, geben aber ihr Sekret über mehrere Poren nach außen an der Kinnunterseite ab.

Mit diesem für uns Menschen nicht wahrnehmbaren Duftstoff markiert das Kaninchen sein Revier und der Rammler seine »Herzensdame«. Dadurch wird allen Artgenossen zu verstehen gegeben: Dies gehört mir und hier bin ich zu Hause! Auch Ihr Zwergkaninchen in der Wohnung reibt mit dem Kinn an Gegenständen wie Käfigecken, Stuhlbeinen und Schlafhäuschen, um sie so zu kennzeichnen (→ Foto, rechts). In einem von ihm markierten Gebiet fühlt sich das Kaninchen vertraut. Ein nicht gekennzeichnetes oder gar fremdmarkiertes Revier verunsichert das Tier. Rammler und dominante Häsinnen markieren am häufigsten.

Die Analdrüsen liegen zu beiden Seiten des Darmendes. Mit ihrem Sekret überzieht das Kaninchen seine Kotkügelchen, die als duftende »Hausschilder« ebenfalls das Revier markieren.

Die Leistendrüsen befinden sich in den haarlosen Hautfalten beiderseits der Geschlechtsöffnung. Ihnen entströmt ein auch für uns Menschen wahrnehmbarer süßlich strenger Geruch. Beriechen sich Kaninchen bei der ersten Kontaktaufnahme dort, können sie gleich per Duft »ablesen« ob der Artgenosse zur Familie gehört, welches Geschlecht er hat oder ob die Häsin in Paarungsstimmung ist.

Mit Hilfe dieser Leistendrüsen können die Kaninchen auch ihrem Urin nach Bedarf ihre ganz persönliche Duftnote zufügen und ihn rotbraun einfärben. Rammler harnen damit ihre »Auserwählte« an, aber auch Häsinnen markieren per Dufturin Revier und Artgenossen (→ Haltungsprobleme, Seite 116).

Mit den Duftstoffen der Kinndrüsen markiert ein Kaninchen auch Gegenstände wie dieses Stuhlbein.

TIP

Zwergkaninchen haben einen besonders ausgeprägten Geruchssinn. Sie können sich die unterschiedlichsten Gerüche merken und auch den persönlichen Duft eines Menschen in ihrer Umgebung wiedererkennen. Darauf sollten Sie im Umgang mit dem Zwerg Rücksicht nehmen und auf stark duftende Parfums oder Rasierwasser verzichten, wenn Sie ihn anfassen.

Die Sinnesleistungen

■ Sehen:

Das Kaninchen hat seitlich oben am Kopf sitzende Augen. Sie sind auf das Sehen in der Ferne eingestellt und reagieren empfindlich auf optische Bewegungsreize. Die Pupillen können sich nur in geringem Maß verengen.

Wie das Tier sieht: Das Kaninchen hat eine komplette Rundumsicht, auch im Luftraum (→ Zeichnung 1, Seite 96). So kann es schnell Feinde ausmachen. Da es aber nur ein geringes räumliches Sehvermögen hat, sieht das Tier im Nahbereich schlecht.

Relativ gut kann es in der Dämmerung sehen. Farben erkennt das Kaninchen nicht gut, kann aber zwischen Grün und Rot unterscheiden.

Grelles Sonnenlicht verursacht ein eingeschränktes Sehvermögen und blendet das Tier. Besonders empfindlich darauf reagieren Albinos mit farblosen (uns rot erscheinenden) Augen.

Daraus folgt für den Umgang: Nähern Sie sich dem Kaninchen stets mit ruhigen, bedachten Bewegungen. Plötzliches Zurennen auf das Tier löst reflexartig Flucht aus. Zur Begrüßung geht man am besten in die Hocke, streckt zuerst immer behutsam die leicht geschlossene Hand hin, bis das Kaninchen herbeigehoppelt kommt, um neugierig an der Hand zu schnuppern. Greifen Sie nie unvorbe-

Durch Hochspringen versucht sich die Häsin, der Attacke ihrer Artgenossin zu entziehen.

reitet von oben nach dem Tier. Es hätte das Empfinden, von einem Raubvogel gegriffen zu werden. Vorsicht auch beim täglichen Auslauf in der Wohnung. Das Tier kann räumliche Abstände, speziell im Nahbereich, schlecht abschätzen und Ihnen zwischen die Beine laufen. Grelles Licht nicht plötzlich, im vorher dunklen Raum, einschalten. Nachts notfalls den Käfig oben mit einem luftigen Tuch abdunkeln. Beim Fotografieren dem Kaninchen nie direkt in die Augen blitzen.

■ **Hören:**
Die großen aufrechtstehenden Ohrmuscheln sind wie Schalltrichter gebaut. Sie können unabhängig voneinander von vorne nach hinten gedreht werden (→ Zeichnung 3, Seite 97).

Wie das Tier hört: Ein Kaninchen hört sehr gut. Die Ohren fangen selbst leise Geräusche auf. Durch ständiges Ohrenspiel »sichert« das Kaninchen akustisch sein Umfeld. Widderkaninchen mit ihren Hängeohren haben ein herabgesetzes Hörvermögen.

Daraus folgt für den Umgang: Türe knallen, Geschrei oder laute Musik lösen Furcht und Fluchtverhalten aus, wobei das Tier in seiner Panik irgendwo gegen laufen und sich verletzen kann. Kaninchen können sich übrigens eine menschliche Stimme merken und wiedererkennen.

■ **Riechen:**
Kaninchen können mehrfach besser riechen als der Mensch und haben eine bewegliche Nasenfalte (→ Zeichnung 4, Seite 97).

Wie das Tier riecht: Der Geruchssinn ist bereits beim Neugeborenen ausgebildet, so daß es problemlos die Zitzen der Mutter findet. Mit Hilfe der Nase unterscheidet und erkennt das Tier Artgenossen (→ Foto, Seite 105). »Nasenblinzeln« nennt man das rhythmische Hochziehen der inneren Nasenfalten. So wittert das Kaninchen, kontrolliert seine Luftzufuhr und die einströmenden Duftstoffe. Die Nasenschleimhaut ist äußerst empfindlich.

Daraus folgt für den Umgang: Staubiges Heu und trockene Luft reizen die empfindliche Nasenschleimhaut, ebenso scharfe Reinigungsmittel und starkes Parfüm. Beachten Sie außerdem, was und wen Sie vorher angefaßt haben, bevor Sie das Kaninchen anfassen. Haben Sie z. B. vorher einen

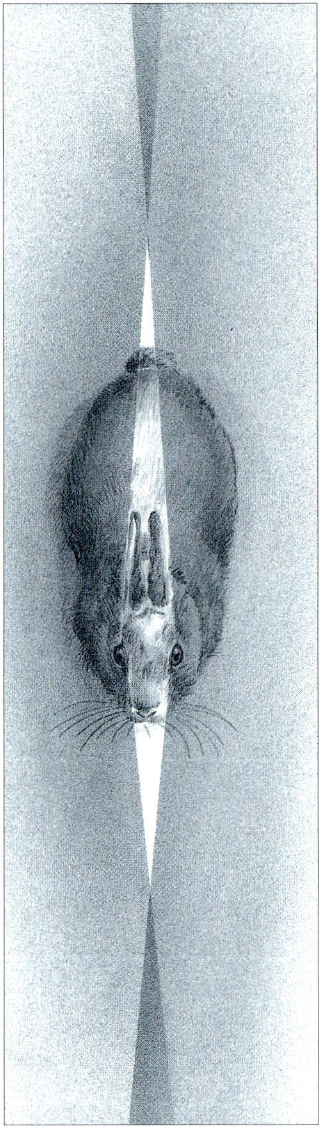

1 Sehfeld des Kaninchens.

2 Die Tasthaare.

3 Ausgeprägtes Ohrenspiel.

4 Hervorragender Geruchssinn.

fremden Hund gestreichelt, kann es passieren, daß Ihr Zwerg reflexartig zurückweicht. Diese Geruchsregeln müssen Sie auch unbedingt beim Zusammensetzen von einzelnen, sich fremden Kaninchen beachten (→ Vertraut werden mit Artgenossen, Seite 102).

Schmecken:

Das Kaninchen besitzt Geschmacksknospen in der Mund- und Rachenhöhle.

Wie das Tier schmeckt: Der gut entwickelte Geschmackssinn ist imstande, süß, sauer, bitter und salzig zu unterscheiden.

Daraus folgt für den Umgang: Kaninchen knabbern gerne an Schokolade und Keksen, da Süßes ihnen besonders schmeckt. Doch davon bekommt das Tier Verdauungsbeschwerden (→ Kaninchen knabbern gern, Seite 56).

Hauskaninchen haben zum großen Teil auch die geschmackliche Erkennung von Giftpflanzen verloren. Dafür verzehrt das Kaninchen ohne Probleme gesunde, aber leicht bitter schmeckende Kräuter, Löwenzahn und Luzerne, da es gegen solche Bitterstoffe unempfindlicher ist als z. B. der Mensch.

Tasten:

Die Tasthaare sitzen beidseitig im Mund-Nasenbereich, über den Augen und an den Wangen (→ Zeichnung 2).

Wie das Tier tastet: Tastnerven am Ende der Haarwurzeln registrieren Berührungsreize. Dadurch kann sich das Kaninchen auch im Dunkeln zurechtfinden oder die Breite und Höhe eines Durchschlupfes exakt »ermessen«.

Daraus folgt für den Umgang: Man darf niemals an den empfindlichen Tasthaaren ziehen oder sie sogar abschneiden. Ohne Tasthaare wäre das Kaninchen einer wichtigen Orientierungshilfe beraubt.

Hinweis: Berührungsreize können auch über die gesamte Körperhaut aufgenommen werden. Deshalb kuscheln sich Kaninchen gerne aneinander und sind entspannt, wenn sie sich in die Ecke ihres Häuschens (Höhle) drücken können oder man mit der Hand beruhigend über ihr Fell streichelt. Meine Zwerge lieben es besonders, wenn ich Ihnen sanft mit dem Finger von der Nasenwurzel angefangen bis hoch zur Stirn streiche. Dies empfinden sie wohl wie das liebevollen Lecken eines Artgenossen.

Schritt für Schritt Vertrauen aufbauen

Das Kaninchen ist ein sehr revierbezogenes Tier, das durch eine neue fremde Umgebung erst einmal verunsichert wird. Vermitteln Sie ihrem kleinen Hausgenossen vom ersten Tag an ein Klima des Vertrauens und der Sicherheit, dann wird er sich bald bei Ihnen zu Hause fühlen.

Die ersten Stunden daheim

Fahren Sie mit Ihrem Zwergkaninchen auf dem kürzesten Weg nach Hause. Daheim angekommen, setzt man das aufgeregte Tier in seinen fix und fertig eingerichteten Zimmerkäfig und läßt es zunächst in Ruhe. Kindern muß erklärt werden, warum sie den neuen Hausgenossen nicht sofort auf den Arm nehmen und herumtragen dürfen. Auch Hund oder Katze müssen anfangs noch ferngehalten werden, denn zuviel Neues auf einmal würde das Kaninchen nur unnötig verschrecken.
Wenn das Zwergkaninchen zu fressen und zu trinken anfängt, sich vielleicht anschließend noch putzt und danach zu einem kleinen Päuschen im Stroh ausstreckt, dann ist der erste Schock schon überstanden.

So wird das Kaninchen zutraulich

Kaninchen »aus gutem Zuhause« werden bei richtigem Umgang schnell zahm.
Voraussetzungen dafür sind:

- Beide Elterntiere des Jungkaninchens hatten eine ausgeglichene menschenbezogene Wesensart.
- Während der ersten 7 bis 8 Lebenswochen hat sich der Züchter oder Halter intensiv mit den kleinen Kaninchen beschäftigt.
- Die Jungtiere durften lange genug bei der Mutter saugen und mit ihren Geschwistern zusammenbleiben.
- Das Kleine hat bisher noch keine schlechten Erfahrungen mit Menschen gemacht.

So wird es schnell zahm:

- Nähern Sie sich dem Kaninchen stets langsam und sprechen Sie das Tier mit ruhiger Stimme an. Es wird sich nach und nach an Ihre Stimme gewöhnen und sie wiederkennen.
- Halten Sie dem Tier zum ersten Kontakt behutsam die leicht geschlossene Hand hin, damit es auch Ihren Geruch kennenlernt.
- Weicht es nicht mehr vor Ihrer Hand zurück, dann können Sie beginnen, dem Kanin-

TIP

Wenn Sie das Zwergkaninchen vom Züchter oder im Zoofachgeschäft abholen, sollten Sie sich etwas von dem gewohnten Futter des Zwerges mitgeben lassen. Dies erleichtert dem Tier die Eingewöhnung in seinem neuen Zuhause. Eine Futterumstellung immer erst allmählich vornehmen.

Kinder müssen das richtige Tragen des Kaninchens üben. Durch einen Sturz kann sich das Tier schlimm verletzen.

chen kleine Leckereien mit der Hand hinzuhalten (Löwenzahn, Petersilie, eine Scheibe Knäckebrot).

■ Klappt dies ohne Probleme, kann man den Körperkontakt intensivieren und erste Streichelversuche beginnen.

Hat sich das Zwergkaninchen gut eingelebt und ist handzahm geworden, darf es seinen ersten Ausflug ins Zimmer machen. Vorher damit zu beginnen, wäre nicht ratsam, denn noch scheue, schreckhafte Kaninchen lassen sich nur schwer wieder einfangen und werden durch das wilde Herumjagen nur noch ängstlicher und handscheu.

Hinweis: Rat für Problemkaninchen, die nicht zutraulich werden, finden Sie auf Seite 112.

Was Kinder lernen müssen

Meine beiden Kinder sind ab ihrem fünften und siebten Lebensjahr mit Zwergkaninchen und Katzen großgeworden. Jedes von beiden hatte »sein« Kaninchen und versorgte es mehr oder weniger selbständig. Heute sind meine Kinder erwachsen und ausgezogen, Zwergkaninchen und Katzen leben immer noch mit

mir, wenn auch »Mohrle« und »Mümmi« schon längst aus Altersschwäche gestorben sind. Jedesmal, wenn meine Tochter oder Sohn zu Besuch kommen, begrüßen und streicheln sie liebevoll meine Zwerge. Sie haben beide den Kontakt zu diesen Tieren nie verloren und durch das Aufwachsen mit ihren vierbeinigen Freunden viel gelernt.
Nach meiner Erfahrung müssen aber Kinder von den Eltern angeleitet werden, damit sie das Tier verstehen lernen und richtig mit ihm umgehen. Nur durch Konsequenz und das Vorbild der Eltern lernen Kinder, Verantwortung für ein Lebewesen zu übernehmen.

Richtiges Hochnehmen und Tragen

Kaninchen zappeln meist beim Hochnehmen. Wenn man sie nicht richtig greift und sicher trägt, können sie hinunterfallen und sich dabei schwer verletzen.

So ist es richtig:

- Nähern Sie sich dem Zwerg langsam mit freundlichem Tonfall und gehen sie vor ihm in die Hocke. Halten Sie dem Kaninchen die Hand hin und lassen Sie es daran riechen.
- Mit der rechten Hand das lose Rückenfell hinter den Schulterblättern greifen. Darauf achten, daß Sie stets mit der ganzen Hand zugreifen und nicht etwa mit einzelnen Fingern in die Haut zwicken. Beim Hochheben mit der linken Hand Hinterteil und Beine des Tieres abstützen, um es von seinem Eigengewicht zu entlasten. Dies ist auch deshalb wichtig, weil es sonst frei in der Luft hängen, Angst bekommen und wild zappeln würde (→ Foto, Seite 103).
- Zum Tragen das Kaninchen auf den linken angewinkelten Unterarm setzen. Damit es nicht plötzlich herunterspringt, bleibt die rechte Hand stets griffbereit auf dem Rücken des Kaninchens liegen. Wer mag, kann seinen Zwerg beim Herumtragen beruhigend zwischen den Ohren kraulen. Für einen längeren Transport gehört der Zwerg in eine sichere Transportbox (→ Foto, Seite 38).

Noch sehr kleine Kaninchen besser nicht am Schulterfell ergreifen. Sie werden mit zwei Händen von vorne kommend seitlich umfaßt und so hochgenommen (→ Foto, Seite 16).
Hinweis: Kaninchen nie auf den Tisch setzen und es dort

Lernen Zwerge auf ihren Namen zu hören?

Ein zahmes Zwergkaninchen wird zu dir gehoppelt kommen, wenn du es bei seinem Namen rufst. Zwergkaninchen können nämlich sehr gut hören und auch verschiedene Geräusche unterscheiden. Beliebte Namen für Zwergkaninchen sind: Hasi, Mümmel, Dicki oder Mohrle. Ein Kaninchen versteht zwar den Sinn seines Namens nicht, jedoch es merkt an deinem Tonfall, daß du es rufst. Das Tier erkennt dich also auch an deiner Stimme.

Nur ein gut erzogener Hund akzeptiert das Kaninchen als Rudelmitglied und macht nicht Jagd auf es.

alleine lassen. Beim Hochnehmen und Tragen das Tier fest am Schulterfell packen. Bei Stürzen vom Tisch oder vom Arm haben sich schon viele Kaninchen schlimme Knochenbrüche und Sehnenrisse zugezogen.

Wie wird das Zwergkaninchen stubenrein?

Das Kaninchen ist von Natur aus ein reinliches Tier, was man sich zu Nutze machen kann. Wie schon auf Seite 43 empfohlen, beginnt man mit der Erziehung zur Stubenreinheit bereits im Zimmerkäfig. Stellen Sie in die Ecke, in die Ihr Zwerg bevorzugt Kot und Urin absetzt, eine Plastikschale gefüllt mit Katzenstreu.

Hat sich das Kaninchen angewöhnt dort hineinzugehen, wird es dieses Klo auch bei seinem ersten Ausflug ins Zimmer benutzen. Viele Zwergkaninchen entfernen sich nämlich anfangs nicht zu weit von ihrem sicheren »Bau«, dem Zimmerkäfig und hoppeln, um ihr »Geschäft« zu erledigen, durchs offene Gittertürchen zurück.

Werden die Ausflüge ins Zimmer ausgedehnt, empfiehlt es

sich, eine zweite Toilette aufzustellen (→Foto, Seite 36).

Weitere Tips:

■ Füllen Sie einen Teil der Einstreu mit einigen Kotkügelchen aus der Käfigtoilette in die zweite Toilette.

■ Setzen Sie das Tier immer wieder in die Zimmertoilette. Werden Sie nicht ungeduldig, wenn es gleich wieder hinaushoppelt und woanders seine Kotkügelchen verteilt.

■ Beobachten Sie, ob der Zwerg eine Lieblingsecke im Zimmer hat, und stellen Sie dort die Kloschale auf.

■ Trockene Kotkügelchen, die im Zimmer verteilt werden, aufkehren oder -saugen. Kleine Urinseen sofort mit Essigwasser auswaschen.

Hinweis: Das Tier darf niemals für seine »Unsauberkeit« gestraft werden. Dadurch würde bisher aufgebautes Vertrauen zerstört werden.

Vertraut werden mit Artgenossen

Kaninchen mögen das Zusammenleben mit Artgenossen, doch nur, wenn sie einander sympathisch finden und sich näher kennen. Da verhalten sich die Zwerge nicht anders als die Wildkaninchen draußen in der Kolonie. Revierfremde Eindringlinge werden sofort angegriffen und in die Flucht geschlagen.

Gut zusammengewöhnen lassen sich Wurfgeschwister und junge Kaninchen in den ersten zwölf Lebenswochen (→ Seite 17).

Hat Ihr Zwergkaninchen bisher alleine gelebt und soll es nun Gesellschaft bekommen, dann versuchen Sie es wie nachfolgend beschrieben.

Den Neuankömmling in den ersten Wochen unbedingt in einem eigenen separaten Zimmerkäfig, der vom anderen Tier entfernt aufgestellt wird, unterbringen. So hat das neue Familienmitglied Zeit, sich einzugewöhnen und man ge-

Das Junge beschnuppert seinen »Papa« durch die Gittertür der Transportbox.

TIP

Wenn ein Kaninchen nicht stubenrein ist, sollte man es grundsätzlich vor dem Füttern laufen lassen. Dann ist der Drang, sich zu entleeren, nicht so groß. Ich lasse meine Zwergkaninchen morgens, mittags und abends in der Wohnküche laufen und gebe ihnen, wenn sie in den Käfig zurückgehen, zur Belohnung etwas Leckeres zu essen.

fährdet nicht die Gesundheit des schon vorhandenen Tiers, falls eine ansteckende Krankheit zum Ausbruch kommt.

Hinweis: Setzen Sie das fremde Kaninchen nie ohne Vorbereitung in den Käfig des anderen. Dies hätte böse Folgen! Zum ersten Kennenlernen stellt man die Käfige dann so aneinander, daß sich die beiden Kaninchen anschauen und beschnuppern können.

Getrennter Auslauf ist der nächste Schritt des Zusammengewöhnens. Dabei bleibt ein Tier im Käfig, das andere darf frei laufen. Erst, wenn keines der beiden mehr das Käfiggitter anspringt,

Richtiges Hochnehmen. Das Tier mit der einen Hand fest am Nackenfall packen, mit der anderen den Körper unten abstützen.

Was Zwergkaninchen mögen und was sie fürchten

Das mögen Kaninchen:	Das fürchten Kaninchen:
● Mit der Hand in Fellrichtung über den Rücken gestreichelt werden.	● Ohne Vorbereitung von oben mit der Hand gegriffen zu werden.
● Wenn man mit dem Finger sanft von seiner Nase zur Stirn hochfährt.	● Nervöses Gerubbel gegen den »Strich« (Wuchsrichtung des Fells).
● Das Kraulen hinter den Ohren.	● Kraulen unterm Kinn oder an der empfindlichen Körperunterseite.
● Sanftes freundliches Zureden.	● Wenn man es necken möchte und mit »spitzen« Fingern traktiert.
● Wenn Sie sich ihm ruhig und ohne Hektik nähern.	● Laute Geräusche (z. B. laute Musik, Fernseher, Türen knallen).
● Rücksicht auf seinen empfindlichen Geruchssinn (→ Seite 96).	● Eine fremde Umgebung ohne sichere Zufluchtsmöglichkeit.

um das andere zu beißen, bekommen die Zwerge gemeinsam Auslauf. Dies kann jedoch manchmal Wochen oder Monate dauern. Gemeinsamer Auslauf muß anfangs immer in einem revierneutralen Raum stattfinden, also dort, wo keiner der beiden Käfige gestanden hat. Um die Geruchserkennung der Kaninchen zu überlisten, kann man beide Tiere zusätzlich mit dem Saft einer frisch aufgeschnittenen Zwiebel, vor allem im Bereich der Leistendrüsen, also am Hinterteil, einreiben (→ Duftende Visitenkarten, Seite 93).

Hinweis: Häufig gewöhnen sich die Tiere mit der Zeit aneinander. Doch kommt es trotz allem weiterhin zu heftigen Beißereien, dann müssen Sie die Zwergkaninchen unbedingt getrennt voneinander halten (→ Haltungsprobleme, Seite 116).

Foto links: Birnen schmecken süß. Genau das Richtige für das »Leckermaul« Zwergkaninchen.

Diese beiden kennen sich schon lange. Begrüßt wird sich mit Nasenstupser.

Kaninchen und andere Heimtiere

Kommt das Kaninchen in ein Zuhause, wo schon andere Heimtiere leben, müssen Sie damit rechnen, daß Probleme auftreten können.

Für Hund und Katze sind Kaninchen Beutetiere. Dazu kommen die Verständigungsschwierigkeiten durch die völlig unterschiedlichen Verhaltensweisen von Hund bzw. Katze und Kaninchen. Die besten Chancen, die Tiere aneinander zu gewöhnen, bestehen bei Jungtieren, die noch geprägt und erzogen werden können und bei einem Zwergkaninchen, das möglichst wenig scheu und nervös ist. Sicherheitshalber sollte man die Tiere jedoch nie ohne Aufsicht zusammen frei laufen lassen.

Hier noch ein paar Tips:

- Kaninchen und Hund bzw. Katze solange in getrennten Räumen halten, bis das Kaninchen zutraulich ist.
- Zwischenzeitlich immer abwechselnd ein Tier streicheln und danach das andere den Geruch an Hand und Körper wittern lassen.
- Zum ersten Kennenlernen das Kaninchen im Käfig lassen und den Hund an die Leine nehmen. Bellt der Hund oder springt er am Käfig hoch, wird er mit einem strengen »Pfui« oder »Aus« getadelt. Die Katze, die versucht, durchs Gitter zu tatzeln, wird ebenfalls mit eindeutigem »Nein« verwiesen und bekommt notfalls einen gezielten Wasserstrahl mit der Blumenspritze. »Braves« Verhalten sollten Sie immer mit Streicheln und Leckerbissen belohnen. Vergessen Sie nie, den Tieren freundlich zuzureden.
- Das Zwergkaninchen erst in Anwesenheit von Hund oder Katze frei laufen lassen, wenn sie sich offensichtlich vertragen. Dennoch die Tiere immer im Auge behalten und jedes Hinterherjagen von Hund und Katze hinter dem Kaninchen verbieten.

Meerschweinchen und Kaninchen gewöhnen sich gut aneinander, wenn beide Tiere jung sind und gleichzeitig ins Haus geholt werden. Versuchen Sie, sie von Anfang an gemeinsam in einen geräumigen Zimmerkäfig zu setzen.

Bei geschlechtsreifen Tieren beachten Sie die Verhaltensregeln auf Seite 116.

Spiel und Spaß mit dem Zwergkaninchen

Das Kaninchen ist von Natur aus sehr flink und bewegungsfreudig. Es kann Haken schlagen, blitzschnell laufen und trotz seiner geringen Körpergröße erstaunlich hoch springen. Bieten Sie deshalb Ihrem Kaninchen Beschäftigungsmöglichkeiten, die seine natürlichen Anlagen fördern.

Wenn Sie sich zudem ausgiebig mit Ihrem Zwerg beschäftigen, wird er besonders zahm und zutraulich.

Eine kaninchengerechte Spiellandschaft gestalten

Beim ersten Auslauf in der Wohnung können Sie beobachten, daß Ihr Zwergkaninchen nur ungern quer durch den freien Raum über einen leeren Fußboden hoppelt. Es wird sich vielmehr unter Kommoden, hinter Schränken und dem Sofa aufhalten und ganz nach Kaninchenart die Wand entlang hoppeln. Hat es keinen Artgenossen zur Gesellschaft, mit dem es zusammen herumlaufen kann, können die Wohnungsausflüge schnell langweilig für das Kaninchen werden. Statt sich ausgiebig zu bewegen, hockt das Tier dann lange Zeit irgendwo versteckt in einer Ecke, wo es gelangweilt vielleicht an der Tapete oder – besonders gefährlich – an einem Elektrokabel herumnagt (→ Seite 44). Viele Kaninchen springen auch mit Vorliebe aufs Bett oder Sofa, weil sie eine erhöhte Aussicht lieben. Dort zerkratzen einige von ihnen allerdings sehr zum Ärger ihrer Halter das Kissen, oder markieren ihr Plätzchen mit Urin.

Eine »Spiellandschaft« speziell auf die Anlagen eines Kaninchens abgestimmt, sorgt für Abwechslung und Beobachtungsspaß.

Besorgen Sie sich verschieden große Pappkartons und schneiden Sie »Fenster« und »Türen« zum Durchschlüpfen hinein. Achten Sie darauf, daß die Kartonoberseite so stabil ist, daß sie das Gewicht des Kaninchens aushält, wenn es hinauf hüpft.

Spielhäuschen aus Holz und Plastik, erhältlich im Zoofachhandel, können ebenfalls in die Spiellandschaft integriert werden. Als Höhlenbewohner nehmen Kaninchen solche Ersatzbaue immer gerne an. Um dem Grabbedürfnis des Kaninchens entgegen zu kommen, zur Krallenpflege und Sauberkeitserziehung, darf die Toilettenkiste mit der Tuffsteinplat-

Wohnungskaninchen brauchen viel Beschäftigung, damit sie gesund und fit bleiben.

te, gefüllt mit Katzenstreu, natürlich nicht fehlen (→ Seite 42). Mit Begeisterung haben meine Zwerge auch ihre »Kuschelkiste« angenommen, eine flache Pappschachtel oder Holzkiste, die ich mit ungefärbtem Küchen- und Toilettenpapier gefüllt habe. Vor allem mein Zwergwidderchen durchwühlt den Papierhaufen jedes Mal ausgiebig, wirft die zerfetzten Papierschnitzel umher und kuschelt sich dann in sein »Nestchen«. Wer gerne bastelt, kann die abgebildete blaue Spielbrücke von Seite 47 nachbauen. Sie hat die Maße: 22 cm hoch, 22 cm tief, 75 cm breit. Die beiden Seitenteile sind je 30 cm lang. Die Sprossen wurden aus Tapetenleisten gefertigt, so daß auch ein Meerschweinchen problemlos hinaufklettern kann. Als Baumaterial wurde 10 mm dickes Sperrholz (Birke AW 100) verwendet und mit einer ungiftigen Naturharz-Holzlasur blau eingefärbt (→ Produkthinweis, Seite 125).

Wer nicht über ein kaninchengerechtes Zimmer verfügt, kann seinem Zwerg auch ein Laufgehege, wie auf Seite 46 abgebildet (Maße: 1,10 m x 1,10 m, aufstellen und wie beschrieben einrichten.

Hinweis: Zur Ausgestaltung eines Kaninchengeheges im Garten können nur wasserfeste Materialien verwendet werden. Als Tunnel und Schutzhöhle: ein ausgehöhlter Baumstamm (→ Foto, Seite 9) oder ein Kanalrohr aus glasiertem Ton (im Baumarkt erhältlich). Zum Hinaufhüpfen und Unterschlupfen legt man zwei Ziegelsteine übereinander und lehnt seitlich eine Dachpfanne dagegen.

»Männchen machen« lernen

Genaugenommen muß man seinem Kaninchen dies nicht mehr beibringen, denn auf den Hinterläufen sitzen und sich hochrecken, um aufmerksam die Umgebung zu sichern, gehört zu den natürlichen Verhaltensweisen des Kaninchens (→ Seite 88). Auch um an einen Leckerbissen heranzukommen, reckt sich das Kaninchen hoch. Möchte man dem Zwerg jedoch sozusagen auf »Kommando« beibringen, Männchen zu machen, kann man ihm dies sehr leicht antrainieren. Vor allem für

TIP

Ein Zwergkaninchen, das in einem Zimmerkäfig lebt, braucht mindestens dreimal am Tag zwanzig Minuten Auslauf. Die Abwechslung vom tristen Käfigleben fördert die Sinneswahrnehmung, kräftigt Herz, Lungen und Muskeln. Kaninchen, die viel Bewegung haben, bleiben lange gesund und werden älter als andere Artgenossen.

Kinder ist dies eine lustige Beschäftigung mit ihrem Zwergkaninchen.
Man beginnt stets damit, daß man dem zutraulich gewordenen Kaninchen einen Leckerbissen in Bodenhöhe hinhält. Dies kann eine Karotte, ein Löwenzahnblatt, ein Petersilienstengel oder eine Scheibe Knäckebrot sein. Fängt das Tier an, daran zu knabbern- nicht vorher- hebt man den Leckerbissen langsam hoch. Jedoch nicht zu schnell anheben, sonst verliert das Kaninchen sein Interesse an dem Leckerbissen und hoppelt weg. Die Belohnung aber auch nicht so hoch halten, daß der Zwerg sich dazu »auf die Pfotenspitzen« stellen müßte, junge Kaninchen können sonst das Gleichgewicht verlieren und hinten überkippen. Wiederholen Sie diese kleine Übung immer wieder, bevor Sie den Futternapf im Käfig füllen, denn Appetit ist ein guter Anreiz zum Mitmachen (→ Foto, Seite 53).
Die »Profis« unter den Männchen machenden Kaninchen reagieren schließlich sogar, wenn man nur die Hand hinhält oder mit dem Finger schnalzt. Eine Belohnung sollten Sie dem Tier jedoch immer geben.

Hürdenlauf

Kaninchen können ausgezeichnet springen, manche Zwerge sogar über ein Hindernis von 90 cm Höhe. Das entspricht immerhin ihrer 6-fachen Schulterhöhe. Doch solche Spitzenleistungen werden nur in Ausnahmefällen und Notsituationen von einem Kaninchen erbracht. Man sollte auch gar nicht versuchen, dem Zwerg solch akrobatischen Übugen anzutrainieren, da die Verletzungsgefahr doch recht groß ist. Ein kleiner Hindernislauf

Über Hürden springen macht Kaninchen großen Spaß, wie man hier sehen kann, und sorgt für Abwechslung.

sorgt jedoch für gesunde Bewegung und stärkt die Kondition.
Die Hindernisse sollten in etwa kaninchenhoch sein (entsprechend dem Alter des Tieres) und nicht breiter als die Körperlänge des Tieres.
Um zu verhindern, daß der Zwerg das Hindernis umläuft, die Hürden am besten mit einer Seite an die Wand stellen. Sie sollten eine Mindestlänge von circa 40 cm haben.
Wer meine Trimmhindernisse auf Seite 108/109 nachbauen möchte, braucht: Sperrholz 10 mm dick (Birke AW 100). Die Hürden sind 40 cm lang und 18 cm hoch. Die Stirnseiten bestehen aus gleichseitigen Dreiecken, in die jeweils eine Öffnung (9 cm breit, 10 cm hoch) gesägt wurde.
Kleine Hürden lassen sich auch mit vollen Konservendosen, Schachteln, Büchern, Holzblöcken und Ziegelsteinen bauen.
Beginnen Sie das Training mit niedrigen Hindernissen und locken Sie das Kaninchen mit Leckerbissen über die Hürden. Viele meiner Zwerge hatten soviel Spaß bei dieser Übung, daß sie schließlich von ganz allein immer wieder hin und her gesprun-

Kann man ein Kaninchen erziehen?

Peters Kaninchen Mümmi weiß genau, daß es nicht an Büchern knabbern darf. Wenn Peter Mümmi dabei erwischt, klatscht er fest in die Hände und ruft »Pfui«. Sofort hoppelt Mümmi dann davon. Spricht er dagegen mit lockender Stimme »Mümmi komm, es gibt Futter«, läuft Mümmi eilig herbei.
Ein Kaninchen reagiert auf deine Stimme. Je nachdem, ob du laut oder leise, lockend oder streng mit ihm sprichst, läßt es sich in seinem Verhalten beeinflussen. Allein mit der Stimme kannst du ihm auch kleine Kunststücke beibringen. Hören manche Kaninchen zum Beispiel das Kommando »Hopp«, springen sie auf den Sessel. An der Leine zu laufen wie ein Hund lernt ein Kaninchen allerdings nie. Es gibt zwar Leinen mit Brustgeschirr für Kaninchen zu kaufen. Doch eine Leine ist für das Kaninchen eine Qual. Legt man sie ihm um, wehrt sich das Tier heftig. Es springt hoch und schlägt Haken, um dem »Ding« zu entkommen. Wenn es sich in der Leine verheddert, kann es sich das Genick brechen. Vielleicht möchtest du, daß dein Kaninchen jeden Tag an die frische Luft kommt. Dafür ist ein schönes, großes Gehege im Garten oder ein Auslauf auf dem Balkon am besten geeignet.

Der Knabberbaum. Das Hermelinkaninchen reckt sich, um an die gesunden Leckerbissen zu kommen.

gen sind. Ich konnte gar nicht schnell genug auf den Auslöser meiner Kamera drücken.

Der Knabberbaum

In der Natur müssen Wildkaninchen sich ihr Futter selbst suchen und manchmal auch hart »erarbeiten«.
Vor allem im Winter und zeitigen Frühjahr kann man die Tiere beobachten, wie sie sich an Baumstämmen hochrekken, um an der Rinde zu nagen oder auch an Zweige zu gelangen.

Aus diesen Beobachtungen heraus entstand meine Idee für den Knabberbaum, der dem gelangweilten und wenig geforderten Wohnungskaninchen die Möglichkeit bietet, seine Leckerbissen ebenfalls zu erarbeiten.

Bastelanleitung: Damit der Baum nicht umkippt, benötigt man eine ausreichend große Bodenplatte aus 12 mm dickem Sperrholz (Birke AW 100). Der Bodendurchmesser beträgt 40 cm. Darauf wird ein ein etwa 30 cm langes Rund- oder Vierkantholz (Durchmesser: 8 bis 15 cm) oder ein Baumstamm mit Rinde von unten an der Bodenplatte festgeschraubt. Vor dem Festschrauben jedoch Ausbuchtungen und Löcher in verschiedenen Höhen in das Rund- oder Vierkantholz bzw. den Baumstamm bohren, in denen die Leckerbissen befestigt werden. Wie man auf dem Foto sieht, fand meine Idee sofort Anklang bei meinen Zwergen, und auch »Schneeflöckchen«, mein sieben Wochen altes Hermelinkaninchen, streckt sich kräftig, um an die begehrten Leckerbissen wie Möhren, Zweige und Petersilie zu gelangen.

Haltungsprobleme richtig lösen

Zwergkaninchen sind im allgemeinen eher duldsame und anpassungsfähige Hausgenossen. Trotzdem können Situationen entstehen, in denen das Kaninchen zum Problem für den Tierhalter wird. Meist trägt das Kaninchen keine Schuld daran, sondern nicht artgerechte Haltung, zu hohe Erwartungen des Halters von dem Tier und falscher Umgang sind die Ursachen. Häufig landet solch ein Zwerg dann im Tierheim oder – noch schlimmer – er wird zu lebenslanger Käfighaft verurteilt. Nachfolgend beschreibe ich Ihnen einige der häufigsten Probleme, die Kaninchenhalter mit ihrem Tier haben und zeige Lösungsmöglichkeiten auf.

Das Kaninchen wird nicht zutraulich

Situation: Das Kaninchen lebt schon mehrere Monate im Haushalt, verhält sich aber noch immer sehr scheu und ängstlich bei jeder Art von Annäherung. Es flüchtet sofort panikartig in sein Häuschen oder in eine andere Käfigecke, wenn man versucht, in den Käfig zu fassen. Einen Auslauf in der Wohnung kann man dem Zwerg nicht ermöglichen, weil sich das scheue Kaninchen nur sehr schwer wieder einfangen läßt. Beim Ergreifen und Hochnehmen zappelt es so wild um sich, kratzt und kreischt auch manchmal, daß der Halter das Tier nur noch ungern anfaßt. Vor allem das Kind der Familie ist sehr enttäuscht von seinem Kaninchen. Es hatte sich doch so sehr ein Tier zum Streicheln und Schmusen gewünscht.

Mögliche Ursachen: Angeborene Wildscheue (wird dominant vererbt); schlechte Beeinflußung durch die ebenfalls scheue, nervöse Mutterhäsin; mangelnde menschliche Zuwendung während der wichtigen Sozialprägungsphase (30. bis 50. Tag) ; zu frühe Trennung von der Mutter (vor der 7. Lebenswoche).
Eventuell verkehrter Umgang mit dem Tier und daraus entstandene Schockerlebnisse.

Abhilfe: Je mehr ein Kaninchen durch die vorher genannten Probleme vorbelastet ist, desto weniger gelingt es dem Halter, bei solch einem Tier im Nachhinein noch ein gutes Vertrauensverhältnis aufzubauen. Wollen Sie also einen zutraulichen und ausgeglichenen kleinen Hausgenossen, nehmen Sie sich lieber schon bei der Suche nach einem geeigneten Zwergka-

Das Zwergkaninchen erkennt Sie an Ihrem persönlichen Duft. Lassen Sie es deshalb häufig an Ihrer Hand riechen.

ninchen ausreichend Zeit und tätigen Sie keine Spontankäufe. Lassen Sie die Finger weg von übernervösen und handscheuen Jungtieren!
Ist das Kaninchen bereits, wie im vorliegenden Fall, im Haus, können Sie folgendermaßen versuchen, das Tier zutraulicher zu machen:

■ Entfernen Sie aus dem Zimmerkäfig das Häuschen, falls sich Ihr Kaninchen darin immer wieder über lange Zeit zurückzieht. Das Tier soll lernen, seine Umwelt zukünftig nicht mehr nur als eine einzige Bedrohung zu empfinden.

■ Überprüfen Sie nochmals die Standortwahl des Zimmerkäfigs (→ Seite 37), Ihre eigene Umgangsweise mit dem Tier und die Ihres Kindes (→ Seite 14).

■ Manchmal hilft es, wenn der Zimmerkäfig nicht wie bisher auf dem Boden steht, sondern erhöht auf einem Tisch. Durch die bessere Übersicht fühlt sich das Kaninchen sicherer und empfindet auch die Menschen nicht mehr als groß und bedrohlich.

■ Gewähren Sie dem Tier solange keinen Auslauf mehr, bis es sich ohne panikartige Fluchtversuche anfassen läßt. Stattdessen setzt man den Zwerg in einen Großraumkäfig (Grundfläche: 120 cm x 70 cm).

■ Das verängstigte Tier muß langsam lernen, daß ihm durch den Menschen keine Gefahr droht, sondern nur Gutes wiederfährt. Dazu reduziert man das Futterangebot auf reine Erhaltungskost: Heu, Wasser und 1 Eßl. Fertigfutter. Grün- und Saftfutter sowie besondere Leckerbissen werden nur noch per Hand in den Käfig gereicht. Nähern Sie sich dazu dem Käfig sehr langsam und sprechen Sie freundlich mit leiser Stimme auf das schreckhafte Kaninchen ein. Gehen Sie dann in die Hocke, öffnen Sie die Käfigtür vorne (keinesfalls oben!) und reichen Sie vorsichtig einen Leckerbissen in den Käfig hinein. Halten Sie Ihre Hand so lange still, wie Sie können, und sprechen Sie dabei stets in ruhigem, freundlichen Tonfall. Sicherlich wird das Kaninchen zögern, näher zu kommen, auch wenn sein Hunger groß ist. Zeigen Sie Geduld, denn die werden Sie die nächsten Monate brauchen. Anfangs legt man den Leckerbissen einfach vor dem Kaninchen ab, wenn es ihn nicht aus Ihrer Hand nimmt. Bleiben Sie aber in Käfignähe. Versuchen Sie keinesfalls zu früh, nach dem Tier zu greifen oder ihm mit der Hand zu nahe zu kommen. Das Tier soll selbst den Zeitpunkt bestimmen, wann es näher kommen möchte. Dies ist sehr wichtig für den Erfolg Ihrer Bemühungen.

■ Um das seelische Gleichgewicht des Kaninchens wieder herzustellen, können unterstützend folgende Naturheilmittel eingesetzt werden.
Lassen Sie sich in der Apotheke eine Bachblütenmischung ansetzen: In einer Flasche mit Pipette auf 30 ml stilles Heilwasser jeweils 4 Tropfen von folgenden Bachblüten: Aspen, Mimulus, Cerato, Cherry Plum, Rock Rose, Larch und Star of Bethlehem.
Von dieser Mischung gibt man täglich 10 Tropfen pro 20 ml Trinkwasser in die Nippeltränke. Achten Sie darauf, daß das Wasser ausgetrunken wird, danach neue Mischung auffüllen. Diese Behandlung wird mehrere Monate lang durchgeführt. Sie hat keine schädliche Nebenwirkungen für Ihr Kaninchen (→ Bücher, die weiterhelfen, Seite 124).
Weiterhin können Sie mit homöopathischer Arznei un-

terstützen: 2 bis 3 mal wöchentlich, insgesamt 4 Wochen lang, 1 Tablette Arsenicum album C 30 mit dem Mörser oder Löffel fein zerdrücken und ebenfalls ins Trinkwasser gegeben.

Das Kaninchen kratzt und beißt

■ **1.Situation:** Eine bislang zu-trauliche Häsin äußert seit kurzem beim Streicheln meckernde Murkslaute. Will man die Futterschüssel im Käfig auffüllen, kann es passieren, daß das Tier blitzschnell vorstößt und den Halter in die Hand beißt oder mit den Vorderpfoten heftig kratzt.

Ursache: Die Häsin ist trächtig oder hat gerade Junge. Ihr Verhalten ist völlig normal. Durch Hormone wird bei ihr der Schutzinstinkt freigesetzt.

Abhilfe: Üben Sie sich in Geduld, das Verhalten der Mutterhäsin ändert sich wieder, sobald der Nachwuchs einige Wochen alt ist.

Will man eine Nestkontrolle vornehmen, holt man die wachsame Häsin aus dem Käfig heraus und bringt sie währenddessen in einen anderen Raum (→ Seite 82).

■ **2. Situation:** Sie haben ein Kaninchen übernommen, das schon einen Besitzerwechsel hinter sich hat. Zu Hause verhält sich das Tier verstört und Ihnen gegenüber aggressiv. Bei Annäherungsversuchen droht es knurrend, beißt und kratzt.

Ursache: Dieses Aggressionsverhalten ist fast immer Folge von falschem Umgang mit dem Tier bis hin zur regelrechten Mißhandlung. Ich kenne leider etliche solcher Fälle, in denen vor allem Kinder ihr Kaninchen bewußt solange geärgert und geneckt haben, bis es irgendwann aus reiner Notwehr heraus aggressiv wurde. Auch liebloses unsachgemäßes Hochnehmen, Herumgezerre und ständige Vernachlässigung gehören zu den häufigen Mißhandlungen.

Abhilfe: Damit solch ein Tier wieder Vertrauen zum Menschen aufbauen kann, bedarf es unendlicher Geduld, viel Zuwendung und Verständnis. Sie müssen auch gegenüber Beißattacken freundlich bleiben und dürfen das Tier keinesfalls strafen, aber auch keine Angst vor ihm zeigen. Notfalls hilft anfangs ein fester Lederhandschuh als Schutz. Die Therapie heißt auch hier: freundlicher Tonfall, ruhige, langsame Bewegungen, immer wieder versuchen, Leckerbissen zu reichen und viel Geduld aufbringen. Es kann Monate dauern, bis das Tier ausgeglichener wird, vielleicht sogar ein Jahr lang, wie ich es aus eigener Erfahrung weiß.

Unterstützende Naturheilmittel sind eine Bachblütenmischung aus: Star of Bethlehem, Holly, Rock Rose, Cherry Plum und das homöopathische Mittel: Hyosyamus C 30 (Einnahme wie bei »Das Kaninchen wird nicht zutraulich« → Seite 112 beschrieben).

Mein Kaninchen zernagt alles

■ **1.Situation:** Das Tier nagt und zerrt heftig an den Gitterstäben seines Käfigs, während ein anderes Kaninchen draußen frei läuft oder sich in der Nähe des Käfigs befindet.

Ursache: Es will hinaus zu seinem Artgenossen.

Abhilfe: Verstehen sich beide Tiere, sollten Sie diesem Wunsch nachkommen. Bei Tieren, die sich nicht vertragen, müssen Sie notfalls den Käfig währenddessen in einen anderen Raum stellen.

■ **2. Situation:** Das Kaninchen nagt immer wieder, ohne erkennbaren Anlaß, an seinen Gitterstäben herum.
Ursachen: Zu wenig Nageangebot, Bewegung und Abwechslung.
Abhilfe: Bieten Sie ausreichend Nagematerial an: Zweige, hartes Brot, ein Naturholzbrett.
Gestalten Sie den Käfig abwechslungsreicher aus mit: Sitzbrett, Häuschen, Scharrkiste und hängen Sie Zweige, Heu und anderes Futter so hoch in die Gitterstäbe ein, daß das Kaninchen sich ausgiebig danach recken muß. Der Zwerg braucht täglich mindestens eine Stunde Auslauf, der durch eine kaninchengerechte Spiellandschaft interessanter gestaltet werden kann (→ Seite 106). Vielleicht haben Sie sich auch zuwenig mit dem Tier beschäftigt. Einem Einzeltier sollte man einen Artgenossen dazugesellen (→ Seite 102).

■ **3. Situation:** Alle oben genannten Haltungsvoraussetzungen wurden erfüllt, trotzdem nagt das Kaninchen während des Auslaufs immer mal wieder an Kabeln, Tapeten, Gardinen, Bodenleisten oder Möbelstücken herum.
Ursache: Vermutlich anlagebedingtes Nagebedürfnis aus Neugier oder Spieltrieb.
Abhilfe: Alle gefährdeten Gegenstände so gut wie möglich sichern oder entfernen. Das Kaninchen während des Auslaufs im Auge behalten. Ertappen Sie es dabei auf frischer Tat, hilft es, laut und streng »Pfui!« zu rufen und dabei kräftig in die Hände zu klatschen. Manche Kaninchen lernen die Zurechtweisung mit ihrer Tat in Verbindung zu bringen. Ein dauerhafter Erziehungserfolg ist jedoch selten zu erreichen. Wiederholen Sie Ihre Erziehungsversuche stets in der entsprechenden Situation. Wem dies zu zeitaufwendig ist, gewährt seinem Kaninchen stattdessen Auslauf in einem Auslaufgehege entweder im Garten, in der Wohnung oder auf dem Balkon (→ Seite 47 und Seite 45).

Gegen Langeweile hilft viel Bewegung und Abwechslung vom tristen Käfigleben.

Kaninchen und Meerschweinchen

Situation: Das junge Zwergkaninchen und das junge Meerschweinchen lebten von Anfang an zusammen in einem Käfig. Beide Tiere gewöhnten sich schnell aneinander, putzten sich gegenseitig und kuschelten häufig zusammen. Nach einigen Monaten aber jagte das Kaninchen das Meerschweinchen immer häufiger durch den Käfig. Das Zwergkaninchen sprang auf das quiekende Tier und biß es dabei in den Nacken. Leider bemerkten die Halter dies erst, als sie eine Wunde am Nacken des Meerschweinchens entdeckten und sich wunderten, daß das Tier neuerdings so ängstlich war.

Ursache: Die Halter hielten einen Kaninchenrammler zusammen mit einem Meerschweinchen. Mit beginnender Geschlechtsreife, etwa ab dem dritten Lebensmonat, begann das männliche Kaninchen, das Meerschweinchen zu besteigen. Ein potenter Kaninchenmann besitzt einen starken Sexualtrieb und macht auch vor einem artfremden Tier nicht halt.

Abhilfe: Trennen Sie die beiden Tiere unverzüglich und lassen Sie den Rammler kastrieren.

Sollte Ihr Tierarzt das Kaninchen dafür noch als zu jung befinden, muß es solange in einem getrennten Käfig untergebracht werden. Etwa vier Wochen nach der erfolgten Kastration kann man die beiden Tiere wieder zusammensetzen. Meist verläuft danach das Zusammenleben wieder sehr harmonisch. Bieten Sie Ihrem Meerschweinchen trotzdem als Zuflucht ein eigenes Häuschen an, dessen Einschlupfloch so klein ist, daß ihm hier der größere Kaninchenmann zukünftig nicht mehr folgen kann.

Hinweis: Auch eine Häsin kann während ihrer Brunst ein Meerschweinchen arg bedrängen. Achten Sie darauf und halten Sie, falls in dieser Zeit solche Probleme auftreten, beide Tiere in getrennten Zimmerkäfigen.

Ansonsten verstehen sich Meerschweinchen und Kaninchen. Ich kenne einige Pärchen, die schon über Jahre hinweg harmonisch zusammenleben.

Aggression gegenüber Artgenossen

Situation: Zwei Häsinnen, die im Alter von 10 und 12 Wochen zusammengesetzt wurden und gut miteinander auskamen, vertragen sich plötzlich nicht mehr. Vor allem das durchsetzungsfähigere (dominante) Weibchen jagt das andere immer häufiger durch den Zimmerkäfig, reitet bei ihr auf, und manchmal kommt es zu heftigen Beißereien zwischen beiden Tieren.

Ursache: Mit Beginn der Geschlechtsreife (ab 3 Monaten) und bei Häsinnen besonders in der Zeit der Paarungsbereitschaft (Brunst), können auch zwischen zwei Weibchen, die bisher friedlich zusammengelebt haben, Aggressionen auftreten. Eine Häsin, die Junge aufziehen muß, verteidigt immer ihr Heim 1. Ordnung. Beim Wildkaninchen ist das der Bau, beim Hauskaninchen der Stall oder Zimmerkäfig. Leben zwei rangniedere (subdominante) Weibchen zusammen, kommt es meist nicht zu Agressionen. Eine »Rudelführerin« jedoch kann während ihrer Brunst äußerst aggressiv werden und versuchen, ihre

weibliche Rivalin aus ihrem Revier zu vertreiben.
Abhilfe: Entschärfen Sie den Konflikt, indem Sie beide Tiere in getrennte Zimmerkäfige setzen. Trotzdem sollte der Kontakt erhalten bleiben, das heißt, beide Weibchen dürfen weiterhin zusammen in der Wohnung frei laufen und haben auch durch die Käfiggitter hindurch Sichtkontakt. Kommt es während des Auslaufs gelegentlich zu Verfolgungsjagden, verlaufen diese zumeist harmlos, da sich die »Verfolgte« durch Flucht eventuellen Angriffen entziehen kann. In einem gemeinsamen Zimmerkäfig ist dies nicht möglich. Nach Ende der Brunst beruhigt sich die Häsin meist und verträgt sich wieder mit der anderen. Häsinnen, die nicht zur Zucht eingesetzt werden, verhalten sich im Laufe der Jahre ebenfalls ruhiger.
Hinweis: Ich selbst halte über Jahre hinweg Häsinnen und kastrierte Rammler in Kleingruppen von drei bis fünf Tieren zusammen in Auslaufgehegen. Am verträglichsten zeigten sich hier stets Wurfgeschwister miteinander und solche Gruppen, in denen eine Häsin klar über den Rest der Mitglieder dominierte. Zwei sehr willensstarke »Damen« hingegen mußte ich trennen. Rudelführerinnen sind allerdings wichtig in einer Kaninchengruppe, da sie die Rangordnung stabilisieren.
Während bei Wildkaninchen das führende Weibchen (Alphahäsin) sich nicht mit den rangniederen Weibchen verträgt, sondern nur diese untereinander, liegen meine weiblichen »Chefs« gerne mit den anderen Gruppenmitgliedern eng zusammen und putzen sich gegenseitig. Geschlechtsreife potente Rammler können allerdings nie friedlich zusammengehalten werden. Diese Tiere sind im Rangordnungskampf so aggressiv, daß sie sich durch Kratzen und Beißen schwer verletzen können. Auch nach einer Kastration kann es noch vereinzelt zu Übergriffen kommen.
Achtung: Beobachten Sie bei Ihrer Häsin eine durchgehende Dauerbrunst, müssen Sie durch Ihren Tierarzt abklären lassen, ob hier nicht ein organisches Problem vorliegt. Zysten an den Eierstöcken z. B. können für diese hormonelle Störung verantwortlich sein. In solch einem Fall muß auch die Häsin unbedingt kastriert werden.

Ein unkastrierter Rammler kann ein Meerschweinchen arg berdrängen.

Mein Kaninchen

Hier ist Platz für das Lieblingsfoto.

Name

Geboren am

Züchter/Zoofachhandlung Kastriert am

Geschlecht

Tätowierungsnummer

Rasse/Farbe

Gewicht am

Besonderes Kennzeichen

Lieblingsfutter

Typisch für mein Zwergkaninchen

Impfungen

Tierarzt, Name, Adresse

Die **halbfett** gesetzten Seitenzahlen verweisen auf Farbfotos und Zeichnungen.

Selbst zwischen den unterschiedlichsten Tieren können sich Freundschaften entwickeln.

Junge Zwergkaninchen und Meerschweinchen leben meist problemlos zusammen.

Adressen, die weiterhelfen

ZDK - Zentralverband Deutscher Kaninchenzüchter e.V., Krefelder Str. 130 , D-41063 Mönchengladbach

RÖK Rassezuchtverband Österreichischer Kleintierzüchter; Geschäftsstelle: Dr. Lueger Ring 14/2, A-1010 Wien.

Schweizerischer Rassekaninchenzucht-Verband, Präsident Jakob Etter, Hinterdorf, CH-8765 Engi

Bei schriftlichen Anfragen einen ausreichend frankierten Rückumschlag beilegen.

Fragen zur Kaninchenhaltung beantworten auch

Ihr Zoofachhändler und der Zentralverband Zoologischer Fachbetriebe Deutschland e.V, D-63225 Langen, Tel. 0 61 03/ 91 07 32 (nur tel. Auskunft möglich)

Bücher, die weiterhelfen

H. Leicht, Walter : *Tiere der offenen Kulturlandschaft ·Teil 1 – Feldhase und Kaninchen*.

Hier wurde gar der Stofflöwe zur »Partnerin« für den potenten Rammler.

Quelle & Meyer Verlag, Heidelberg.

Matthes, Siegfried: *Kaninchenkrankheiten - Leitfaden zur Erkennung und Bekämpfung*. Verlagshaus Oertel & Spörer, Reutlingen.

Scheffer, Mechthild: *Seelische Gesundheitsvorsorge für unsere Haustiere*. Bachblütencenter, Hamburg.

Schley, Peter: *Kaninchen · Tierzuchtbücherei* UlmerVerlag, Stuttgart.

Wegler, Monika: *Kaninchen. Richtig pflegen und verstehen.* Gräfe und Unzer Verlag, München.

Zeitschriften

Wer ein Zwergkaninchen beim Züchter kaufen möchte, sollte ins Blaue Jahrbuch schauen. Hier findet er alle Adressen der Landes- und Kreisverbände und eine Vorausschau auf die wichtigsten Rassekaninchenausstellungen.

Das Blaue Jahrbuch.
Hrsg.: Verlagshaus Oertel & Spörer, Burgstr. 1-7, D-72764 Reutlingen.

Das Grüne Jahrbuch.
Ein Taschenbuch für den Kleintierzüchter. Hrsg.: Rassezuchtverband Österreichischer Kleintierzüchter.

Deutscher Kleintier- Züchter, Ausgabe Kaninchen.
Hrsg.: Verlagshaus Oertel & Spörer, Burgstr. 1-7, D 72764 Reutlingen.

Kaninchen. Zeitschrift für den Kaninchenfreund.
Hrsg.: Deutscher Bauernverlag GmbH, Brunnenstr. 128, D-13355 Berlin.

Bezugsquellen

Garten-Freigehege mit Schutzhäuschen und Wetterdach (→ Seite 43): Bauanleitung und Bausatz:
Arche Noah,
German Heimrath,
Riedbergweg 3b,
D- 82234 Hochstadt

Empfehlenswerte Zimmerkäfige und das weiße Gartengehege mit Netz (→ Seite 46): Modelle Wagner & Keller ; erhältlich im Zoofachhandel

Ungiftige biologische Naturharz- Holzlasur: Leinos Naturharz- Holzlasur (im Naturbaumarkt erhältlich).

Autorin und Fotografin

Monika Wegler verfügt über eine langjährige Erfahrung in der Haltung und Aufzucht von Kaninchen. Sie ist Text- und Bildautorin der sehr erfolgreichen GU Tier -Ratgeber: Zwergkaninchen und Kaninchen. Bisher sind von ihr über 20 Heimtierbücher in vielen Sprachen erschienen, die sie teilweise geschrieben und fotografiert oder als Fotografin bebildert hat. Ihre Tierliebe gilt neben den Kaninchen besonders Katzen und Hunden.
Mit Ausnahme des Fotos auf Seite 10, das von Manfred Danegger stammt, fotografierte Monika Wegler alle Farbfotos in diesem Buch.

Die Zeichnerin

Renate Holzner arbeitet als freie Illustratorin. Ihr breites Repertoire reicht von Strichzeichnungen über fotorealistische Illustrationen bis hin zur Computergrafik.

Dank

Autorin und Verlag danken für die Durchsicht der Kapitel »Gesunde Ernährung« und »Gesundheitsvorsorge und Krankheiten«: Dr. med. vet. Peter Hollmann, für die fachliche Unterstützung in Bezug auf die Naturheilkunde: Petra Stein, Tierheilpraktikerin und für den Beitrag »Rechtsfragen zur Tierhaltung«: Rechtsanwalt Reinhard Hahn.

Die Fotos auf dem Buchumschlag

Umschlagvorderseite: Farbenzwerg, rot (großes Foto); blauweißes Jungtier (kleines Foto).
Umschlagrückseite: Farbenzwerg, Weißgrannen-Schwarz, Widderchen perlfeh, Farbenzwerg Havanna (von links nach rechts).

Tiere brauchen unsere Hilfe

Wer wie ich Tiere liebt und seit über fünfzehn Jahren mit ihnen eng zusammenlebt, arbeitet und über sie berichtet, wird unweigerlich auch mit der Not der Tiere konfrontiert. Deshalb unterstüzte ich den Tierschutz auch finanziell.
Vor einiger Zeit lernte ich Frau Priester kennen, die zusammen mit ihren Helfern auf zwei großen Bauernhöfen in Niederbayern hunderten von Tieren ein neues Zuhause gegeben hat. Mißhandelt und ausgestoßen, dürfen sie dort in Frieden alt werden, oder sie werden gesund gepflegt, bis man sie neu vermitteln kann. Pferde, Hunde, Katzen, Hühner, Schweine, Rinder werden alle artgerecht und bestens betreut. Da keinerlei staatliche finanzielle Unterstützung gewährt wird, ist Frau Priester auf private Spendengelder angewiesen.
Wollen auch Sie, liebe Leser, helfen, dann können Sie mit einem monatlichen Beitrag eine Patenschaft für ein Tier übernehmen oder den Verein durch eine einmalige Spende unterstützen.
Tieraltenheim »Costa« e.V. (als gemeinnützig und förderungswürdig anerkannt.)
Bank: Rottaler Volksbank Arnstorf e.G. Konto-Nr.: 80 62 85; BLZ 743 914 00.
Sieben Zwerge, die über ein Jahre bei mir gelebt und durch ihre Mitarbeit erst dieses Buch mit seinen vielen Aufnahmen ermöglicht haben, leben inzwischen auch auf dem Costa Hof. Dort haben wir ihnen ein 150 qm großes Freigehege mit einer wetterfesten Stallanlage eingerichtet. Den Unterhalt meiner »Fotomodelle« und die Baukosten der Unterbringungsanlagen habe ich selbstverständlich übernommen. *Monika Wegler*

Impressum

Redaktion: Gabriele Linke-Grün, Anita Zellner
Umschlaggestaltung und Layout: Heinz Kraxenberger
Zeichnungen:
Renate Holzner
Herstellung:
Heide Blut/Verena Römer
Satz: Heide Blut
Reproduktion:
Penta Repro
Druck und Bindung: Appl

ISBN 3-7742-2148-0

Auflage 5. 4.
Jahr 00 99

Wichtige Hinweise

In diesem Buch geht es um die Haltung und Pflege von Zwergkaninchen. Im Umgang mit diesen Tieren kann es zu Verletzungen durch Kratzen und Beißen kommen. Lassen Sie solche Verletzungen sofort vom Arzt versorgen. Zum natürlichen Verhalten der Zwergkaninchen gehört das Nagen. Zwergkaninchen müssen deshalb beim (notwendigen regelmäßigen) Auslauf in der Wohnung unbedingt beaufsichtigt werden. Um lebensgefährliche Stromunfälle zu verhindern, achten Sie vor allem darauf, daß Ihr Zwergkaninchen keine elektrischen Leitungen benagt.
Es gibt Menschen, die allergisch auf Kaninchenhaare reagieren. Fragen Sie im Zweifelsfall vor der Anschaffung Ihren Arzt.
Die Augen des Zwergkaninchens sind weniger auf das Sehen in der Nähe als auf Weitsehen eingestellt. Es kann deshalb passieren, daß Ihnen das Tier wegen der ungenügenden Nahsicht regelmäßig zwischen die Beine läuft und Sie zu Fall bringt.

Zwergkaninchen-Ratespiel (hintere Buchklappe) Auflösung

1a (→ *Glücklich in Gesellschaft oder allein? Seite 17*).

2b (→ *Verhaltensweisen, Seite 91 und Foto, Seite 94*).

3b (→ *Duftende Visitenkarten, Seite 93*)

4a (→ *Entwicklung der Jungen, Seite 84*).

5a (→ *Entwicklung der Jungen, Seite 84 und Foto, Seite 77*).

6a (→ *Das gepflegte Zwergkaninchen, Seite 60 und Fotos, Seite 60/61*).

7a (→ *Ein Häuschen zum Ausruhen, Seite 39*)

8a (→ *Zusammenleben mit anderen Heimtieren, Seite 16*).

9b (→ *Körpersprache und Verhaltensweisen, Seite 90*).

Den Kopf unter das Kinn des anderen legen bedeutet: »Bitte tu mir nichts.«

Das Zwergkaninchen-Ratespiel

Hier kannst du testen, wieviel du bereits über dein Kaninchen weißt. Kreuze zu jedem Bild die richtige Antwort an. Die Auflösung findest du auf Seite 127.

1 ☒ *a) Kaninchen leben gesellig.*
☐ *b) Sie sind Einzelgänger.*

Dieses kleine Fellbündel muß man einfach liebhaben.

2 ☐ *a) Diese beiden haben sich gestritten und schauen sich nicht mehr an.*
☒ *b) Sie kuscheln aneinander. Dieses Verhalten nennt man Kontaktliegen.*